MINISTÈRE DE LA MARINE ET DES COLONIES.

AMÉNAGEMENT ET MODE D'EXPLOITATION

DES

PRODUCTIONS SOUS-MARINES

DE LA RADE DE BREST.

RAPPORT

DE LA COMMISSION MIXTE D'ENQUÊTE

et

RÈGLEMENT

POUR L'EXERCICE DU DRAGAGE.

PARIS,

IMPRIMERIE ADMINISTRATIVE DE PAUL DUPONT,

Rue de Grenelle-Saint-Honoré, 55.

1849

AMÉNAGEMENT ET MODE D'EXPLOITATION

DES

PRODUCTIONS SOUS-MARINES

DE LA RADE DE BREST.

RAPPORT

DE LA COMMISSION MIXTE D'ENQUÊTE

et

RÈGLEMENT

POUR L'EXERCICE DU DRAGAGE.

Lors de son passage à Brest, au mois d'octobre 1846, M. l'amiral de Mackau, alors Ministre de la marine et des colonies, reçut des mains d'une députation composée de membres du conseil général du département du Finistère et de la société d'agriculture de l'arrondissement de Brest, un Mémoire ayant pour objet d'obtenir qu'il fût procédé à l'étude approfondie de la question de l'aménagement des productions sous-marines que renferme la rade de ce port, et de leur exploitation, au triple point de vue de l'intérêt de la marine, du commerce et de l'agriculture.

Accédant à ce vœu, le Ministre prescrivit à M. le préfet maritime de Brest de se concerter avec M. le préfet du Finistère pour la constitution d'une commission mixte, qui se mit promptement à l'œuvre, et arrêta, le 27 août 1847, le rapport suivant.

RAPPORT

de

LA COMMISSION MIXTE D'ENQUÊTE

chargée

DE L'AMÉNAGEMENT DES PRODUCTIONS SOUS-MARINES DE LA RADE DE BREST.

Préliminaires.

En exécution d'une dépêche de S. E. le Ministre de la marine et des colonies, en date du 23 décembre 1846 (personnel, — inscription maritime et police de la navigation, n° 3566), et d'un ordre de service de M. le vice-amiral, préfet maritime à Brest, daté du 20 janvier suivant, une commission mixte d'enquête a été chargée :

Questions confiées à l'examen de la commission.

1° De faire l'aménagement des productions sous-marines de la rade de Brest ;

2° D'examiner les divers points traités dans le Mémoire remis par la société d'agriculture de Brest, en octobre 1846, à M. l'amiral Ministre baron de Mackau, lors de son passage dans cette ville ;

3° De rechercher les moyens d'exploiter ces productions, au triple point de vue de l'intérêt de la marine, du commerce et de l'agriculture.

Composition de la commission.

Cette commission a été composée de :

MM. Delalun, capitaine de vaisseau, président ;
De Pompery, membre du conseil général du département du Finistère ;
De Kerjégu (Louis), président de la société d'agriculture de Brest ;
Quesnel, médecin-professeur de la marine ;
Le Roy, lieutenant de vaisseau, commandant alors le cutter garde-pêche *l'Ecureuil ;*
et Eymin, sous-commissaire de 2e classe, qui, dès la première réunion, a été choisi pour être rapporteur.

Mémoire de la société d'agriculture de Brest. — Analyse succincte.

Afin de bien apprécier l'objet de sa mission et d'en reconnaître le but et la portée, la commission a dû, tout d'abord, lire, avec la plus grande attention, le Mémoire déjà cité de la société d'agriculture de Brest.

Après avoir fait ressortir les immenses avantages que procurait à l'agriculture, tant pour assurer le succès des défrichements que pour améliorer le sol et obtenir des rendements infiniment supérieurs, l'emploi du maërl et du goëmon rouge, qui se trouvent en grande abondance dans la rade de Brest, ce Mémoire expose que, par suite des dispositions prises par l'autorité administrative de la marine, en ce port, dans l'intérêt exclusif de l'industrie huîtrière, l'agriculture a perdu, depuis 1842, le libre dragage de ces deux précieuses productions, et en a éprouvé un préjudice considérable.—Il demande en conséquence qu'il soit fait une complète exploration de la rade par une commission mixte, qui aurait pour mission d'étudier la nature et la situation des choses, et de présenter des propositions propres à concilier l'intérêt maritime et l'intérêt agricole qui se trouvent en présence.

Cette demande est appuyée des vœux émis dans le même sens, pendant cinq années consécutives, par le conseil général du Finistère, et auxquels se sont associés M. le préfet de ce département ainsi que M. le sous-préfet de l'arrondissement de Brest.

Historique des mesures prises par la marine.

La commission mixte d'enquête a dû s'attacher ensuite à connaître quelles avaient été les restrictions apportées par l'autorité maritime au dragage des engrais de mer, quels en avaient été les motifs ; et voici ce que lui ont appris les pièces qui lui ont été communiquées et les renseignements qu'elle a pu se procurer.

Situation de 1817 à 1841.

De 1817 à 1841, il s'est fait en rade de Brest un assez considérable commerce d'huîtres : chaque année, un certain nombre de chargements étaient enlevés par des sloops anglais et par de forts bateaux appartenant aux troisième et quatrième arrondissements, qui achetaient alors ce coquillage à vil prix.—Pendant longtemps, la pêche s'était exclusivement faite par les pêcheurs de la rade.

Mais, en 1841, une double concurrence s'établissait : des marchands d'huîtres de Saint-Waast et de la Hougue apparaissaient sur le marché de Brest ; et, d'un autre côté, des bateaux étrangers au quartier, et dont quelques-uns venaient de fort loin, se livraient aux opérations mêmes de la pêche.

Bientôt instruite de cette situation par les réclamations et les plaintes de tous ceux qui s'en trouvaient froissés, l'autorité maritime dut se préoccuper d'une industrie dont elle avait, pour ainsi dire, ignoré l'importance, et qu'une trop grande exploitation pouvait complétement ruiner.

Mission don-

Un officier supérieur de la marine (M. le capitaine de corvette d'Abancourt), très-versé en matière de pêche, fut en conséquence chargé de visiter et de délimiter les différentes huîtrières de la rade de Brest. née à M. d'Abancourt.

Analyse de ses rapports.

Les rapports qu'il remit à M. le préfet maritime établissaient que, sur six huîtrières, d'ailleurs peu importantes, mais où se manifestait un travail sensible de reproduction, deux seules étaient exploitables, à savoir : celle dite de la Pointe-du-Tabac, dans la rivière de Châteaulin, dont le coquillage sale, difforme, chambré et de qualité tout à fait inférieure, n'a jamais été recherché des pêcheurs, et celle de Pen-an-Land, qui réclamait les plus grands ménagements.

En faisant connaître une situation aussi peu favorable, et certainement bien éloignée de ce qu'on avait cru pouvoir attendre, M. d'Abancourt l'attribuait à l'usage abusif et continuel de la drague pour obtenir le maërl et le goëmon rouge, usage contre lequel s'élevaient énergiquement les pêcheurs de Kerhor, qui accusaient les pêcheurs d'engrais de détruire les huîtres et le poisson.

Après avoir dit qu'il avait trouvé un certain nombre de gros bateaux draguant du maërl qui contenait une immense quantité de petites huîtres ; après avoir cité divers exemples prouvant que, dans quelques parties de la rade de Brest, le poisson avait disparu ou était revenu, suivant que l'on y avait dragué, ou que l'on avait cessé d'y draguer le goëmon rouge ; après avoir fait observer qu'il était plus facile de faire de l'engrais que de produire du poisson et du coquillage ; après avoir, en quelque sorte, résumé sa pensée dans cette simple question : « le champ « le plus fertile, le mieux ensemencé, pourrait-il donner la « moindre récolte, s'il était journellement labouré pendant la « pousse du grain ? » cet officier supérieur démontrait la nécessité d'adopter des mesures promptes, énergiques, pour préserver l'industrie huîtrière d'une ruine assurée et très-prochaine, ainsi que pour conserver encore quelques ressources aux malheureux pêcheurs de poisson frais.

Il proposait en conséquence de défendre le dragage du maërl partout où se trouvaient des huîtres, et de ne permettre celui du goëmon rouge que sur quelques points et à des époques bien déterminées.

Premier arrêté du préfet maritime.

Ces propositions furent accueillies par l'autorité maritime, qui trouva sans doute qu'il avait été tenu tout le compte possible des besoins de l'agriculture, puisque, indépendamment de la ressource constante et inépuisable des sables du Minou, l'exploitation du maërl restait permise sur une très-grande étendue de la rade de Brest, et que celle même du goëmon rouge, malgré tout le tort qui pouvait en résulter pour la reproduction du poisson, était accordée sur quelques points.

Réclamations de l'agriculture.

Il s'éleva, cependant, bientôt des réclamations.

Au mois de décembre 1842, M. le maire de Plougastel demandait pour ses administrés la faculté de *draguer le goëmon rouge en temps opportun*, ce qui ne pouvait évidemment s'entendre que lorsque les cultivateurs l'auraient jugé convenable.

A cette demande, on opposa : 1° l'ordonnance du 30 mai 1731, qui, en dehors des époques de *coupe* temporaire et périodique, ne permet de recueillir que le goëmon épave ; 2° les articles 14 et 36 de l'ordonnance du 23 avril 1726, qui proscrit l'usage de la drague, à moins de quatre lieues de distance des côtes, pour toute autre pêche que celle de l'huître ; 3° les effets désastreux produits par cet engin et qui étaient si sensibles en rade de Brest.

En janvier 1843, des plaintes sur les entraves apportées au dragage du maërl parvenaient également à M. le préfet maritime par l'intermédiaire de M. le préfet du Finistère et par la voie du ministère de la marine.

Ce chef supérieur y répondit en s'appuyant sur les considérations importantes qui se trouvaient développées dans les divers rapports qu'il avait reçus et qui avaient dicté son arrêté du 26 octobre 1842.

Opinion du ministre.

Par suite de cette réponse, il recevait, le 20 février 1843, de S. E. le Ministre de la marine une dépêche (inscription maritime, n° 516) ainsi conçue :

« Je partage tout à fait votre manière de voir dans cette af-
« faire, et j'approuve d'autant plus les mesures que vous avez
« arrêtées dans l'intérêt de l'industrie de nos pêcheurs, en ce
« qui concerne le dragage du maërl en rade de Brest, que ces
« mesures me paraissent se concilier parfaitement avec la pro-
« tection et les encouragements que le gouvernement entend
« accorder à l'agriculture. »

Les choses restèrent dans le même état pendant près de deux ans.

Cependant, l'autorité maritime, qui, en adoptant ces mesures, avait reconnu, avait déclaré qu'une exploration plus complète de la rade de Brest était nécessaire, n'avait rien négligé pour arriver à ce résultat. — Un officier, M. le lieutenant de vaisseau Le Roy, dont les connaissances pratiques ne pouvaient être mises en doute, avait été chargé de ce soin, et s'était efforcé de le remplir consciencieusement.

Mission donnée à M. Le Roy.

Mais ce n'était encore là qu'un côté de la question ; car, pour statuer en toute confiance, il eût fallu bien connaître l'histoire et les rapports réciproques des productions dont il y avait lieu de régler l'exploitation. Malheureusement, la nature laisse difficilement pénétrer ses secrets, et la science n'a encore soulevé qu'une faible partie du voile qui enveloppe tout le domaine de la mer.

Il fallait, dès lors, se reposer sur le temps, et se borner à profiter des découvertes que ferait une observation de tous les instants, et qui pourraient conduire à une meilleure répartition des richesses sous-marines de la rade de Brest, entre les pêcheurs et les agriculteurs.

Bientôt M. Le Roy transmit à M. le préfet maritime un rapport très-détaillé, où il établissait :

Analyse de l'un de ses rapports.

1° Qu'il avait pu reconnaître par lui-même l'exactitude des assertions de M. d'Abancourt, en opérant la saisie de bateaux de Logonna qui avaient, en fraude, dragué du maërl, où se trouvaient tellement d'huîtres, qu'il en avait compté des milliers dans un seul chargement, et en remarquant que les champs des communes environnantes étaient littéralement pavés d'huîtres ;

2° Que, depuis la défense de draguer le maërl sur certains points, il s'était formé de nouvelles huîtrières dans plusieurs baies ;

3° Qu'il était, dès lors, nécessaire d'étendre cette défense *à toutes les baies* comprises entre l'Ile-Longue et la rivière du Faou ;

4° Qu'il serait, au contraire, convenable de laisser draguer dans la baie de Roscanvel, ainsi que dans la rivière de Châteaulin, depuis Landévennec jusqu'à la Pointe-du-Tabac, c'est-à-dire sur une étendue de 6 milles, afin de nettoyer les fonds et de les débarrasser des coquilles infiltrées et des insectes marins qui détruisent le frai du poisson et du coquillage ;

5° Qu'il serait également utile de permettre le dragage du goëmon rouge *pendant la pêche de l'huître*, et quand l'autoriserait le garde-pêche, sur certains points, tels que les baies de Poulmic, du Fret et de Lauberlach, où ce goëmon pouvait nuire aux huîtres ;

6º Et, enfin, qu'il n'y aurait aucun inconvénient à abandonner tout à fait à l'agriculture, qui pourrait y faire draguer le goëmon rouge *en hiver*, les baies de Quelern, de Saint-Marc, du Moulin-Blanc, l'Anse-du-Caro et l'entrée de la rivière Sainte-Claude.

Deuxième arrêté du préfet maritime.

Ces propositions, qui étaient le fruit de remarques suivies et de notions plus exactes sur l'influence exercée par le goëmon rouge dans certains cas donnés, furent accueillies avec d'autant plus d'empressement par l'autorité supérieure, qu'elle devait croire satisfaits autant que possible les intérêts de l'agriculture, puisque, indépendamment des grands gisements de maërl et de débris de coquilles qui se trouvent dans la rivière de Châteaulin et dans la rade de Brest proprement dite, on lui laissait la faculté de faire exploiter le maërl sur les plateaux et dans les divers canaux qui forment l'embouchure de cette rivière, ainsi que le goëmon rouge sur un grand nombre de points.

Telle était, au commencement de 1845, et telle est encore actuellement la situation des choses.

La commission mixte se trouvait donc appelée à l'examiner à fond et à rechercher les modifications qu'il conviendrait d'y apporter.

Plan d'opérations de la commission mixte.

Elle a compris que, pour arriver à ce but, elle devait donner toute l'extension possible à ses opérations, et se livrer non-seulement à une exploration complète de la rade de Brest, mais encore aux diverses enquêtes propres à l'éclairer sur les besoins des pêcheurs et des agriculteurs.

Indépendamment de l'importance de la question toute locale qui lui était soumise, et qui exigeait déjà un assez grand développement, une autre raison la confirmait encore dans cette détermination : c'est que, dans le cours de ses études, il lui fallait se bien pénétrer des intérêts vraiment essentiels de la marine et de l'agriculture, pour ne pas se laisser dominer par des considérations trop étroites de temps et de lieux. — Ainsi placée sur un terrain plus large, la question peut être applicable à d'autres temps, à d'autres lieux, et devenir conséquemment, du moins dans quelques-unes de ses parties, la première base d'un système qui, en garantissant les besoins de deux intérêts jusqu'à présent isolés, quelquefois même hostiles, les conduirait à se rapprocher, ou, du moins, à converger vers un même point : l'intérêt général.

La commission a donc procédé, avec tout le soin possible, à l'exploration de la rade de Brest et de ses affluents; au moyen du cutter *l'Écureuil* et des péniches *l'Active* et *le Chasseur*, elle a suivi un grand nombre de lignes parallèles distantes d'une encablure, et donné près de 400 coups de drague, qui l'ont parfaitement fixée sur la nature et la répartition des productions sous-marines d'une baie qui a près de 80 milles de tour. Exploration.

Elle s'est ensuite livrée à une enquête, dans laquelle elle a recueilli les avis de quatre sociétés d'agriculture, entendu les cultivateurs les plus intelligents de cinquante communes, et reçu les déclarations d'un grand nombre de pêcheurs de la rade. — L'empressement avec lequel on a répondu de toutes parts à son appel, le concours que lui ont prêté les autorités municipales et les personnes considérables qui sont à la tête de grandes exploitations agricoles, prouvent combien la question dont elle était saisie est vitale pour le pays, et donnent la certitude qu'elle a été étudiée, discutée avec le soin qu'elle méritait. Enquête.

Les résultats de cette exploration et de cette enquête ont été consignés dans une série de procès-verbaux que la commission annexe au présent rapport, où elle s'attachera d'ailleurs à en donner toute la substance. Cahier de procès-verbaux.

Voici, très-sommairement, les résultats de l'exploration, qui sont venus faire justice de bien des erreurs, et quelques détails sur l'histoire naturelle des plus importantes productions sous-marines de la rade de Brest. Indication sommaire des résultats de l'exploration et des caractères des engrais marins en histoire naturelle.

La science offre trois suppositions sur la nature du maërl.

D'après la première, admise par Linnée et par Cuvier, il serait compris parmi les êtres vivants intermédiaires entre les animaux et les végétaux, et placé, en histoire naturelle, dans le grand embranchement des zoophytes (animaux-plantes), dans la division des polypes, — classe des polypes à polypier, — section des polypes foraminés, — famille des milléporées, et, si l'on veut encore, tribu des nullipores. — Le maërl serait alors, comme les coraux et les madrépores des pays méridionaux, un polypier construit et sécrété par un polype ayant la faculté de séparer du milieu où il vit le calcaire nécessaire à la construction de sa demeure, et *il appartiendrait au règne animal*. Du maërl.

D'après la seconde, avancée par quelques naturalistes, mais

qui paraît peu probable, le maërl *ne serait qu'une simple concrétion calcaire inorganique, non vivante.*

Enfin, d'après la troisième, qui a été récemment émise par quelques savants, à la tête desquels se trouve M. l'académicien Decaisne, le *maërl devrait être replacé dans le règne végétal*, ne serait qu'une algue fortement incrustée de sels calcaires, et se classerait alors : groupe des corallinées, famille des *choristoporæ*, genre *melobesia.*

Mais si la nature et le mode de reproduction du maërl se trouvent dévoilés par ces derniers savants, on n'est encore nullement fixé sur l'époque de l'émission des ses semences, ni sur son développement plus ou moins rapide.

La commission avait espéré, à défaut de la science, trouver, dans les connaissances pratiques des pêcheurs, quelques lumières sur un point aussi capital : tous ont bien déclaré dans leur langage naïf et pittoresque, que *le maërl pousse en rade de Brest comme les blés dans les champs* ; mais ils n'ont pu rien dire de sa formation, et ils ont émis sur son développement les opinions les plus contradictoires.

La commission est donc restée à cet égard dans une complète incertitude ; mais ses dragages lui ont fait reconnaitre et lui permettent de constater qu'il existe dans la baie de Brest trois principales espèces de maërl, qui y croissent, s'y reproduisent, et dont voici la description, d'après les auteurs qui ont admis la première des suppositions indiquées.

1° *Nullipora informis* de Lamarck, *millipora polymorpha* ou *polyformis*, de Linnée.— Dur, solide, cassant, plein à l'état normal et vivant, coloré en rouge, libre de toute adhérence avec le fond, se nourrissant par la surface, et affectant diverses formes, dont les trois prédominantes en rade de Brest sont la forme rameuse, la forme en masses arrondies à peu près pleines, ou rognons, la forme en masses également arrondies, mais tuberculeuses à la surface.

2° *Nullipora agariformis.* — Masses lamelleuses, sessiles, demi-circulaires, diversement groupées et probablement adhérentes au fond.

3° *Nullipora Lichenoïde*, dont le nom indique l'aspect, et qui adhère toujours au fond sur lequel il repose.

La première espèce est très-abondante ; les deux autres assez rares.

Extrait de la mer, et amoncelé à l'état frais, le maërl subit bientôt un commencement de fermentation, avec dégagement de chaleur et de gaz ammoniacaux, par la décomposition des matières organiques qu'il contient. Exposé à l'air, il perd promptement sa couleur rouge pâle pour prendre une teinte gris-jaunâtre ; enfin, soumis aux diverses intempéries des saisons, surtout à de fortes gelées, ou calciné au feu, il se réduit facilement en poussière.

Du goëmon rouge.

La rade de Brest produit un grand nombre de varechs ; mais le goëmon rouge étant le seul très-abondant, et, par suite, particulièrement recherché par l'agriculture, la commission s'en est occupée d'une manière exclusive.

Cette algue appartient à la famille des floridées, à la tribu des rhodomélées, au genre des *rytiphlcæ*, et s'appelle, d'après Agarth, rhodomela pinastroïde.

Le goëmon rouge croît à peu près sur tous les fonds de la rade de Brest, notamment sur ceux composés de vase, auxquels il adhère constamment, et dont il emporte presque toujours quelques parties quand on l'en arrache.

Cette plante est annuelle : sa reproduction commence au printemps, sa maturité arrive en automne, et la dissémination de ses semences a lieu en hiver.

A cette dernière époque, la plante devient encore plus fragile, se détache facilement du fond au moindre mouvement de la mer, et arrive épave, soit dans certaines baies, soit sur certaines plages de la rade.

Le rhodomela ne pousse pas exclusivement dans la baie de Brest ; mais il s'y trouve en bien plus grande abondance que sur les côtes extérieures.

Exposé à l'air, ce goëmon qui, d'après les pêcheurs, *fond au soleil*, éprouve effectivement une très-grande perte en poids et en volume, ce qui ne permet pas de le transporter au loin.

Des vases des rivières de Châteaulin et de Landerneau.

Ayant remarqué dans les rivières de Landerneau et de Châteaulin deux gisements énormes d'une vase qui contient une grande quantité de coquilles de bucardes, et ayant appris que sur quelques points on s'en était servi fort avantageusement pour les défrichements et pour l'engrais des terres, la commission a désiré se renseigner sur la valeur d'un produit qui pouvait être d'une grande importance pour l'agriculture; mais elle s'est convaincue que les essais qui en ont été faits, quoique ayant donné de bons résultats, ne sont pas assez nombreux pour permettre d'en tirer des conclusions décisives. Elle s'est en conséquence bornée à en faire opérer l'analyse chimique, qui sera donnée plus loin dans ce rapport.

Du treaz.

Bien qu'il s'agisse d'un produit étranger à la rade de Brest, proprement dite, puisqu'on le tire du Minou, petite anse située sur la côte N. du goulet de Brest, la commission a dû s'occuper du *treaz*, qu'elle a vu employé sur une foule de points, qui est placé presque sur la même ligne que le maërl, et dont il se fait une immense consommation.

Le treaz est un sable assez fin, que les vagues enlèvent du fond de la mer et viennent déposer, surtout après les tempêtes, sur certains points de la côte.—Ce sable se compose d'une partie graveleuse (débris de roches généralement granitiques), et d'une partie calcaire formée de coquilles roulées, presque toujours brisées en très-petits fragments.—Sa couleur, tantôt fauve, tantôt bleuâtre, dépend des coquilles qui y dominent.

L'exploitation du treaz, qui se fait dans la belle saison, donne lieu à un mouvement assez considérable de navigation, et constitue l'une des branches essentielles de l'industrie des bateaux pêcheurs, qui en retirent un gain proportionné aux fatigues et aux dangers auxquels ils sont exposés.

Considérations sur les deux intérêts engagés dans la question.

La commission ne s'étendra pas davantage sur ce sujet, et va se livrer à l'examen des considérations relatives aux deux grands intérêts qui se trouvent engagés dans la question.

Pêche maritime.

En ce qui est de l'intérêt maritime, la commission n'a pas eu à rechercher les avantages de la pêche en général.

Son importance pour le pays.

Elle en était dispensée par le grand nombre d'administrateurs, de savants, d'hommes d'État, de législateurs qui ont fait ressortir l'influence exercée sur la prospérité nationale par ces expéditions plus ou moins lointaines qui, en façonnant tant d'hommes aux fatigues et aux périls extrêmes de la navigation, en forment un personnel d'élite pour la marine, vont puiser dans toutes les mers du globe une foule de produits qui donnent lieu à un immense développement commercial, et deviennent une source intarissable de richesses.

Mais elle devait, par l'objet même de sa mission, examiner les rapports principaux de la pêche du poisson frais et du coquillage avec la marine, avec l'intérêt général.

Ramenée à cette limite, la question n'en a pas moins une grande étendue.

En effet, là se retrouvent encore un nombreux personnel se familiarisant avec le dur métier de la mer et constituant la véritable et la plus riche pépinière de la marine, des produits variés avidement recherchés par le luxe ou formant une notable partie de l'alimentation des populations du littoral, enfin, un commerce fort étendu et de tous les instants.

Pour apprécier l'importance de cette industrie, il ne faut s'arrêter ni à l'opération même de la pêche, ni à la valeur première de ses produits ; il faut suivre le mouvement continuel qu'elle imprime par les préparations auxquelles participent tant de familles riveraines, par les nombreux transports qu'elle nécessite sur terre et sur mer, par les spéculations, les transactions de toute nature qui se succèdent et se multiplient à l'infini jusqu'au moment de la consommation.

Considérée sous ces divers points de vue, la pêche du poisson frais et du coquillage est donc une condition essentielle de puissance maritime, de bien-être général, et justifie pleinement toute la sollicitude dont elle peut être l'objet de la part du gouvernement.

Malheureusement, il faut en convenir, cette industrie languit, dépérit même d'une manière sensible par l'effet de causes bien faciles à reconnaître, et parmi lesquelles on peut placer en première ligne l'insuffisance d'une législation, sage sans doute dans ses principes essentiels, parfaitement appropriée au temps où elle fut établie ainsi qu'aux institutions qui régissaient alors la France, mais qui devait nécessairement perdre toute son efficacité lorsqu'ont disparu les anciennes amirautés avec leurs moyens de surveillance, d'action directe et leurs attributions judiciaires.

Insuffisance de la législation.

Et d'ailleurs, une législation, comme toutes les choses humaines, n'a qu'une durée limitée. — Après le temps de force, d'énergie, vient la période d'affaiblissement, d'impuissance ; puis arrive le moment d'une indispensable rénovation.

Ne trouvant appui ni dans un corps d'anciennes ordonnances taxées de surannation, ni dans les tribunaux actuels qui souvent reculent devant l'application de peines peut-être trop sévères, réduit dès lors à se renfermer dans la limite du possible et de l'absolument nécessaire, c'est-à-dire à n'exercer qu'une simple police sur les points où il se fait encore quelque importante exploitation, le Département de la marine n'a pu, malgré tous ses efforts pour lutter contre les difficultés de la situation, sauvegarder depuis longtemps la pêche faite sur une grande partie des côtes.

Les plus fâcheux résultats devaient être la conséquence d'un tel état de choses.

Situation déplorable.

Abandonnés à leur imprévoyance ordinaire, les pêcheurs, s'excitant les uns les autres, se sont mis à poursuivre le poisson à outrance et à se servir des engins les plus destructeurs.— A cette liberté, si sagement restreinte, accordée par l'ordonnance de 1681, a succédé une licence effrénée qui a bientôt amené une diminution des plus sensibles dans les produits de la pêche et qui eût certainement conduit à un épuisement complet, si, dans sa libéralité, la nature n'avait tenu à se mettre jusqu'à présent au-dessus de l'imprévoyance des hommes.

Mais le mal est déjà si grand que ceux-là même qui ont le plus abusé des ressources de la pêche, sont les premiers à demander l'application d'un prompt remède.

Demande significative des pêcheurs de Kerhor.

Aussi, les pêcheurs de Kerhor sont-ils arrivés à demander instamment que l'on abandonne les filets à mailles excessivement serrées, pour revenir, sinon de suite, du moins dans un avenir prochain, aux dimensions réglementaires.

Une telle demande, qui peut être considérée comme le cri de détresse de malheureux réduits à la dernière extrémité, est trop significative pour que la commission ne la signale pas à l'attention particulière de l'autorité supérieure, en la priant d'aviser au plus tôt aux moyens de restaurer la pêche du poisson frais et d'améliorer la condition de ceux qui s'y livrent.

Travail projeté sur les pêches

La commission n'ignore pas qu'à la suite de deux études faites, en 1806 et 1816, dans chaque arrondissement maritime, un travail d'ensemble, préparé par les soins de l'un des hommes les plus instruits, les plus éclairés du Ministère de la marine (M. Marec, maître des requêtes, sous-directeur du personnel), a été soumis, en 1821, à un examen approfondi dans les ports principaux ; la commission, qui sait aussi que ce travail se composait d'un code complet sur la pêche du poisson frais et des coquillages, croit devoir exprimer le vœu que ce projet soit repris à l'étude, puis adopté, pour mettre un terme à l'état déplorable où se trouve réduite une industrie aussi précieuse[1].

---

[1] Au mois de décembre 1846, M. Marec a remis au Ministre de la marine un nouveau projet de loi pour la répression des contraventions aux règlements concernant la pêche maritime côtière.

Ce projet, qui est précédé d'un rapport sous forme d'exposé de motifs, vient d'être renvoyé par le Ministre à l'examen d'une commission spéciale composée de la manière suivante : MM. Prosper de Chasseloup-Laubat, représentant du peuple, président ; Rieublanc, chef de la 2e division à la préfecture de police (désigné par le Ministre de l'intérieur); Guyot, chef du 1er bureau des affaires criminelles au ministère de la justice ; Julien, docteur en droit, chef du bureau des

Par ce qui précède, il n'y aura donc pas lieu de s'étonner si la pêche du poisson frais ne donne en rade de Brest que des produits assez faibles, et si le gain annuel des pêcheurs de Kerhor, les seuls qui se livrent d'une manière suivie à cette industrie, ne dépasse guère 30,000 francs. Poisson frais.

Il est d'ailleurs entendu qu'il n'est ici question que de la pêche exécutée par les bateaux de la localité et sur les espèces de poisson qui appartiennent aussi à la localité, car si l'on faisait entrer en ligne de compte la valeur des poissons de passage (maquereaux et sardines) pris en rade de Brest, où viennent les poursuivre un grand nombre de bateaux de l'extérieur, le chiffre du produit s'élèverait beaucoup.

Ainsi, d'après la déclaration du commandant des gardes-pêches, il serait sorti, en 1846, de cette rade, où la pêche aurait été, par extraordinaire, plus fructueuse qu'en baie de Douarnenez, 400 bateaux de 8 tonneaux, et 70 chasse-marée de 25 tonneaux chargés de sardines en frais, pour Nantes, la Rochelle et Bordeaux, et emportant une valeur de plus de 1 million.

Mais, il faut le dire, ce n'est pas là un fait constant, car, en rade de Brest, peut-être plus que partout ailleurs, l'apparition en grandes masses des poissons de passage est soumise à de fréquentes intermittences, qui ne permettent pas de considérer cette pêche comme régulière et réellement acquise à la localité.

Quant à l'industrie huîtrière, la commission a pu constater une situation des plus favorables, un progrès des plus marqués. Huîtres.

Comme on l'a vu par l'analyse des rapports de M. le capitaine de corvette d'Abancourt, il ne restait, au mois d'octobre 1842, qu'une petite huîtrière exploitable (celle du Poulmic), et quatre ou cinq autres qui ne donnaient guère que des espérances.

Aujourd'hui, dix-huit huîtrières contenant, d'après l'estimation de M. Le Roy, plus de 40 millions d'huîtres, sont reconnues, bien délimitées, et quelques-unes ont déjà donné de très-beaux produits, sous le double rapport de la qualité et de la quantité.

---

subsistances au ministère de l'agriculture et du commerce; Hennequin, chef du bureau de l'inscription maritime et de la police de la navigation; Montaignac de Chauvance, capitaine de frégate ; De Bon, sous-commissaire de la marine, chargé de l'inscription maritime à Saint-Malo, et Hautefeuille, avocat au conseil d'Etat et à la cour de cassation, auteur d'ouvrages sur la législation maritime.

2

Voici, d'après les registres des bâtiments garde-pêches, les quantités obtenues dans les trois dernières saisons, et qu'il faut, afin d'approcher de la vérité, forcer d'une grande moitié pour tenir compte du coquillage pris à la main, enlevé par fraude ou livré par les pêcheurs en sus du nombre convenu.

Saison de 1844 a 1845.

	Consommées à Brest.	Exportées.
Grand banc	359,000	3,112,600
Banc du Poulmic..............	193,750	216,600
— des Anglais	338,100	873,100
— du Fret..................	694,000	1,881,900
— de Pen-an-land...........	92,300	152,950
	1,677,150	6,237,150
En tout..................	7,914,300	

Saison de 1845 a 1846.

	Consommées à Brest.	Exportées.
Banc de Lauberlach............	359,700	452,500
— du Poulmic..............	235,000	286,200
— de Logonna	209,500	777,500
— de l'Herbier	80,200	25,300
— du Fret..................	831,500	2,081,000
	1,715,900	3,802,500
En tout.......	5,518,400	

Saison de 1846 a 1847.

	Consommées à Brest.	Exportées.
Grand banc	639,800	2,966,600
Banc de Lomniergat............	337,100	314,300
— de Port-aux-Prunes........	63,800	53,600
— de Saint-Marc	199,800	132,300
— du Fret..................	130,400	133,200
— de Saint-Jean	61,700	»
— des Secuilloux	266,100	615,600
— de Daoulas	»	57,500
	1,698,700	4,273,100
En tout.................	5,971,800	

On peut donc apprécier les quantités obtenues pendant la première saison, à 12 millions; pendant la seconde, à 8; pendant la troisième, à 9; soit, en moyenne, à peu près 10 millions par année.

Le prix du millier (qui, après avoir été de 2 fr. à 2 fr. 50 c. il y a dix ans, et de 3 fr. 50 c. à 4 fr., il y a cinq ans, s'est élevé parfois, dans ces dernières années, jusqu'à 15 et 18 francs) s'étant généralement maintenu à 8 francs, le produit des huîtrières de la rade de Brest peut être estimé à 80,000 francs pour chacune des trois dernières années.

Ce n'est certainement pas là encore une industrie bien importante; mais il faut songer qu'il y a quatre ans à peine, il y avait presque complet épuisement, et que l'on ne fait, pour ainsi dire, que se retrouver au début d'une exploitation nouvelle.

Il y a donc non-seulement espoir, mais pleine certitude d'un avenir plus prospère; car, par la disposition des ses baies, par la nature de ses fonds, par ses nombreux affluents, *la rade de Brest doit devenir une des plus riches huîtrières de la France*, ainsi que l'a dit M. le lieutenant de vaisseau Le Roy dans un de ses rapports.

Il ne faut, pour arriver à ce résultat, que continuer l'œuvre commencée, c'est-à-dire, exercer une police intelligente, une surveillance de tous les instants, et veiller surtout, comme moyen de conservation, à ce que les petites huîtres soient rapportées chaque jour sur un fond favorable; il ne faut enfin que maintenir, que *compléter* les sages mesures prises par l'autorité maritime pour régler l'exploitation des huîtrières, et auxquelles les pêcheurs, dont le sort s'est considérablement amélioré, sont les premiers à rendre pleine justice, ainsi que le prouve l'enquête faite à Plougastel.

Effet des mesures prises par l'autorité maritime sur l'inscription, la police de la navigation et la prospérité de la pêche.

Il restait à examiner si, comme on l'a dit, ces mêmes mesures avaient eu pour effet de détourner de nombreux marins de l'exercice de leur profession, et de faire végéter dans la misère ceux qui l'avaient continuée.

Pour être fixée d'une manière positive, incontestable, sur un point aussi essentiel, la commission s'est adressée à M. le commissaire de l'inscription maritime à Brest, qui lui a fourni le tableau suivant :

ÉTAT

Etat des bateaux de la rade de Brest, annoté pour une période de dix ans, des renseignements relatifs à leur armement, au genre et au produit de leur pêche, etc., etc.

ANNÉES.	NOMBRE DE BATEAUX.	ÉQUIPAGE MOYEN de chaque bateau.	CHIFFRE proportionnel des non-inscrits.	PÊCHE spéciale de chaque bateau.	GAIN moyen de chaque bateau, *tous frais déduits.*	PRODUIT général.	CLASSEMENTS pour tous les pêcheurs du quartier.	DÉCLASSEMENTS pour tous les pêcheurs du quartier.	OBSERVATIONS.
1837	96	3	1 sur 8 inscrits	Poisson frais, goëmon et maërl.	fr. c. 437 50	fr. 42,000	»	»	Depuis 1845, il a été exporté chaque année, de la rade de Brest de 8 à 9 millions d'huîtres. — Les bénéfices résultant de ces opérations ne sont pas compris dans le gain annuel des bateaux pêcheurs, qui ont dû en profiter, du moins en partie.
1838	119	3	id.	id.	302 52	36,000	»	»	
1839	159	2	1 sur 15 inscrits	id.	400 »	61,000	»	»	
1840	94	3	1 sur 10 id.	id.	425 53	40,000	»	»	
1841	87	3	1 sur 9 id.	id.	448 28	39,000	»	»	
1842	77	2	2 sur 13 id.	id.	519 48	40,000	85	53	
1843	93	2	1 sur 7 id.	id.	322 58	30,000	71	42	
1844	134	3	2 sur 29 id.	id.	238 80	32,000	103	36	
1845	319	4	1 sur 25 id.	id. et huîtres	438 87	140,000	480	44	
1846	249	4	»	id. id.	517 »	128,733	1,017	125	

Il résulte donc bien évidemment de ces chiffres officiels que, dans l'espace de dix années, et plus particulièrement dans les cinq dernières,

1° Le nombre des bateaux pêcheurs de la rade de Brest a presque triplé;

2° Les équipages sont plus forts, dans une proportion qui varie du quart au double;

3° Les non-inscrits, qui entraient dans ces équipages pour un huitième, ont complétement disparu;

4° Le gain moyen par bateau (tous frais déduits) s'est néanmoins soutenu, s'il ne s'est même élevé, et a fini par revenir, en 1846, sous le régime des mesures conservatrices, au point qu'il avait atteint en temps de pleine licence, et lorsque l'on courait à une ruine certaine;

5° Le produit général a plus que triplé;

6° Sur l'ensemble des pêcheurs du quartier, les classements sont devenus douze fois plus nombreux, tandis que les déclassements, qui étaient, en 1842, dans le rapport des cinq huitièmes, ne sont maintenant que dans la proportion d'un neuvième.

De tels résultats qui tiennent autant, il est vrai, au développement de l'exploitation des sables du Minou et à une surveillance plus efficace exercée sur la composition des équipages, qu'aux progrès de l'industrie huîtrière, mais qui n'en sont pas moins la conséquence des mesures prises par l'autorité maritime, prouvent que cette autorité n'a jamais perdu de vue les intérêts qui lui sont confiés, et que, tout en assurant aux pêcheurs une plus grande somme de bien-être, elle a su créer des ressources importantes pour le recrutement de la flotte.

Raisons des restrictions apportées par la marine.

En ce qui concerne particulièrement les restrictions apportées au dragage du maërl et du goëmon rouge, il est bien facile de les comprendre en songeant qu'il importait surtout à l'autorité maritime de faire respecter ce que l'on peut appeler le fond de la pêche, et de s'opposer à l'exploitation à outrance de deux produits qui lui étaient signalés par de nombreux rapports comme exerçant une influence des plus marquées, des plus favorables sur la reproduction du poisson et du coquillage.

Influences favorables du maërl et du goëmon rouge sur la pêche.

Par les déclarations qu'elle a reçues des hommes les plus compétents en matière de pêche, par les observations qu'elle a faites elle-même dans le cours de ses travaux, il demeure constant pour la commission que cette influence ne saurait être mise en doute.

Le goëmon rouge, à l'état de végétation, qui sert de refuge au jeune poisson, et où les poissons de tout âge viennent chercher de préférence leur nourriture, est en outre, dans l'opinion des pêcheurs, l'un des éléments les plus utiles à la reproduction, au développement des huîtres.

Quant au maërl, qui forme généralement les fonds sur lesquels se tiennent les poissons plats (raies, soles, turbots, etc.), c'est bien certainement aussi l'un des agents les plus utiles, non-seulement à la reproduction, mais à la bonne qualité des huîtres.

En prêtant au coquillage un appui absolument nécessaire quand il est jeune, en l'isolant de la vase qui constitue presque partout le sous-sol marin, le maërl assure à ses valves un développement plus régulier, une plus grande consistance, préserve la chair de toute saveur désagréable, et lui donne ainsi une qualité supérieure.

Il est donc facile de comprendre, on le répète, que l'autorité maritime ait mis un terme à l'enlèvement outre-mesure du maërl et du goëmon rouge, et qu'après avoir conservé à l'agriculture une part qui lui paraissait convenable et suffisante, elle ait ajourné toute décision capitale jusqu'au moment où les leçons de l'expérience, une suite d'observations intelligentes et une pratique plus soutenue eussent permis de mieux apprécier la nature et l'étroite relation des choses.

De l'agriculture.

L'agriculture est le premier besoin des peuples civilisés.

Cette vérité est tellement simple, tellement évidente, que la commission se serait dispensée de l'émettre si elle n'avait tenu à prouver qu'elle s'en est profondément pénétrée, et, qu'en présence de tous les efforts tentés par le gouvernement pour assurer la subsistance d'une population toujours croissante, elle a compris l'impérieuse nécessité de rechercher, dans la sphère où il lui était permis de se mouvoir, tous les moyens d'augmenter la force productive du sol.

Situation du Finistère.

Les études auxquelles elle s'est livrée lui ont appris que s'il est dans le Finistère quelques parties où la culture a fait d'immenses progrès et s'est approchée de la perfection, la cause doit en être exclusivement attribuée à l'emploi soutenu des amendements et engrais marins. — Ces parties sont en effet celles qui, bordant la côte, se trouvent naturellement pourvues de varechs, et celles qui, peu éloignées dans l'intérieur, peuvent se procurer sans trop de difficultés, et à un prix convenable, le maërl et le treaz.

Il y a d'ailleurs déjà bien des années que l'on fait usage de ces amendements, et plus longtemps que l'on emploie les goëmons comme engrais.

D'abord timides et forcément partiels, peut-être même simples résultats d'un hasard ou d'une nécessité, les essais n'ont pas tardé à s'étendre, à donner des résultats assez avantageux pour vaincre sur certains points l'inertie et la fixité armoricaines, et à devenir la source d'une suite d'observations qui ont guidé plus sûrement le cultivateur dans la voie du progrès.

Puis sont venues les belles et savantes spéculations de la chimie qui, en analysant, en développant les causes, ont expliqué tous les effets remarqués par une expérimentation de plus en plus étendue.

Effets généraux des engrais de mer.

Il est donc aujourd'hui incontestable, rigoureusement démontré, qu'indépendamment de la propriété physique dont ils jouissent comme agents diviseurs des terres trop compactes, le maërl et le treaz possèdent d'autres propriétés chimiques qui en font des stimulants fort utiles par le sel et la chaux qu'ils contiennent, de très-bons amendements par la saturation des acides défavorables à la végétation, et d'excellents engrais par leur calcaire abondant qui constitue le meilleur aliment pour les céréales, et par leur partie azotée et les sels ammoniacaux qu'elle produit.

Il est également incontestable que, si le treaz l'emporte sur le maërl comme agent de division donnant un effet immédiat, le maërl est très-supérieur au treaz comme engrais et sous le rapport de la durée.

Il est enfin bien constant que le goëmon rouge, qui, comme tous les autres varechs, contient une partie organique vivante très-riche en azote et dès lors un excellent engrais, ainsi qu'une partie inorganique renfermant à peu près les mêmes sels que l'eau de mer, c'est-à-dire des principes stimulants, il est constant que le goëmon rouge, qui entraîne toujours avec lui plus ou moins de maërl, de débris de coquilles, d'oursins et de mollusques, qui sont tous des engrais très-puissants, possède de grandes qualités fertilisantes, et, en outre, une propriété hygrométrique des plus utiles pour les terres légères, qui ont toujours à craindre un excès de sécheresse.

Aucune de ces propriétés, aucun de ces effets, aucun de ces avantages, n'avaient échappé à la sagacité de la plupart des agriculteurs et même des simples cultivateurs qui ont été entendus par la commission.

De l'importance des engrais marins pour le Finistère.

Comme on peut le voir dans le Mémoire de la société d'agriculture de Brest, dont toutes les affirmations, en ce qui touche sa spécialité, ont été pleinement confirmées par l'enquête; comme on le trouvera dans beaucoup de déclarations reçues par la commission, il était généralement reconnu que les terres de la basse Bretagne, presque toutes siliceuses ou argileuses, manquent des principes calcaires absolument nécessaires à la production des principales céréales, des trèfles et des racines, et que ce n'est qu'en y introduisant ces principes contenus à de hautes proportions dans les amendements marins que l'on peut opérer des défrichements et maintenir dans un état satisfaisant les terres déjà mises en rapport.

Aussi, dans les parties qui sont privées de ces précieux agents, y a-t-il tant de terrains incultes qu'ils couvrent, dans tel canton, le tiers de la surface du sol, et, dans tel autre, les trois quarts! — Aussi est-il bien certain que, si les parties qui se trouvent en plein rapport en étaient également privées, on y verrait bientôt reparaître la stérilité. (Mémoires des sociétés d'agriculture de Morlaix et de Châteaulin.)

Au surplus, pour donner une idée de la puissance fertilisante du maërl, il suffira que la commission cite trois des faits qu'elle a recueillis dans son enquête : ainsi l'un des membres de la société d'agriculture de Châteaulin a doublé, en huit années, la valeur d'une petite exploitation, en faisant usage de cet amendement; ainsi la culture du froment et du trèfle était, il y a peu d'années, entièrement inconnue dans la commune de la Feuillée, lorsque vint y habiter un cultivateur des environs de Morlaix qui obtint, au grand étonnement de tous, une magnifique récolte de froment et de trèfle, en amendant ses terres avec la même substance calcaire. Excités par ce résultat, presque tous les cultivateurs de cette commune franchissent aujourd'hui 4 myriamètres pour se procurer cette substance. (Mémoire de la société d'agriculture de Châteaulin.) — Ainsi une foule de communes qui, précédemment, ne produisaient pas la moitié du blé nécessaire aux habitants, obtiennent, en employant le maërl, un excédant de récolte en céréales, des légumes et de très-beaux trèfles. (Déclaration de M. le comte du Laz.)

En résumé, l'enquête a fait ressortir, entre autres faits : Faits résultant de l'enquête.

1° Que les amendements et engrais marins sont avidement recherchés par les cultivateurs, qui franchissent jusqu'à 5 et 6 myriamètres pour les venir prendre aux lieux de débarquement, et qui ont même (chose inouïe pour les paysans du Finistère!) formé des espèces d'associations pour vaincre les difficultés, quelquefois très-grandes, d'un transport toujours coûteux ;

2° Qu'à l'emploi, et pour obtenir un même résultat, il faut beaucoup moins de maërl que de treaz ;

3° Que le premier est beaucoup plus léger que le second, et par conséquent d'un transport plus facile ;

4° Que ces deux amendements ne s'emploient généralement qu'avec une demi-fumure ;

5° Que cependant quelques faits particuliers ont prouvé que, sans adjonction de fumier, le maërl donnait encore de bons résultats ;

6° Que le treaz produit un effet immédiat ;

7° Qu'il en est rarement ainsi du maërl ; que cependant une exception doit être faite pour celui que l'on tire de la rade de Brest, et qui est fortement animalisé ;

8° Que, pour la durée, on peut admettre qu'en moyenne le maërl produit de l'effet pendant 10 à 15 ans, le treaz pendant 4 à 5, et les goëmons pendant une seule année, et quelquefois bien légèrement la seconde ;

9° Que ces trois engrais, qui purgent le sol d'une foule de plantes parasites, s'appliquent avantageusement à toutes les cultures, à tous les terrains, en tenant compte néanmoins de la nature particulière du sol et de l'espèce de produits que l'on veut obtenir ;

10° Que, sous le rapport de l'amélioration des terres, les effets du maërl et du treaz sont immenses, puisque, par leur emploi, on assure le succès des défrichements dans tous les lieux où peut pénétrer la charrue, on donne aux plus mauvaises terres une supériorité marquée sur d'excellentes terres fumées à outrance avec les engrais ordinaires, et l'on réussit à remplacer partout la culture du seigle par celle du froment ;

11° Que ces mêmes amendements, mais plus particulièrement le maërl, qui donnent constamment des produits plus beaux, des pailles plus fortes, plus résistantes, un grain plus nourri, plus blanc, plus lourd, et se vendant 3 francs de plus l'hectolitre, procurent des rendements quelquefois doubles, mais presque toujours de moitié supérieurs à ceux que fournissent les engrais ordinaires;

12° Et, enfin, que le goëmon rouge donne aussi, mais dans des proportions bien moindres, les résultats les plus avantageux.

Sur quelques-uns de ces points, les déclarations ont sans doute varié; mais la commission a pu s'expliquer assez facilement ces contradictions plus apparentes que réelles par des différences de positions et de lieux, ainsi que par l'esprit plus ou moins intelligent, plus ou moins observateur des agriculteurs qu'elle entendait.

Explication d'un fait particulier.

C'est ainsi qu'elle est arrivée à se rendre à peu près compte d'un fait assez étrange au premier abord.

D'après les renseignements qu'elle a pu se procurer, et qui sont certainement exacts puisqu'ils ont été fournis sur plusieurs points par des personnes diversement intéressées dans la question, le prix du goëmon rouge et du maërl est à peu près le même (10 francs la batelée de 4 à 5 tonneaux), tandis que celui du treaz ou sable de Minou est sensiblement plus élevé (15 francs).

Ces prix représentent sans doute la valeur de ces engrais à raison des peines que donne leur extraction; mais ce n'est certainement pas leur valeur par rapport à leur importance relative pour l'agriculture. — Pourquoi donc un très-grand nombre de cultivateurs paient-ils le treaz infiniment plus cher et le goëmon rouge aussi cher que le maërl, qui est bien supérieur en puissance, en durée?

C'est que, abstraction faite de quelques autres raisons, le treaz, comme agent diviseur et comme engrais, produit un effet immédiat, ainsi qu'il a été dit; c'est que le goëmon rouge donne toute certitude pour la récolte de l'année, tandis que le maërl, quand il est peu animalisé, ne produit souvent d'effet que la deuxième ou troisième année. — Or, le petit cultivateur, le pauvre fermier sont bien rarement en situation de faire des avances de fonds : ils tiennent à une rentrée immédiate, et sacrifient l'avenir à l'impérieuse nécessité du moment.

La commission a cru devoir citer cet exemple particulier pour expliquer les contradictions que pourrait faire découvrir un examen attentif des procès-verbaux d'enquête.

Analyse chimique des engrais de mer.

Au surplus, pour ne rien laisser à l'incertitude, la commissi on a fait analyser au laboratoire de chimie de la marine, non-seulement les différents échantillons de maërl et de treaz qu'elle avait recueillis dans ses excursions, mais encore des vases des rivières de Landerneau et du Faou, et jusqu'à des coquilles d'oursins, pour connaître la valeur, comme engrais, de ces animaux qui, avec les astéries, se trouvent par masses considérables sur les gisements de maërl.

Voici le tableau présentant le détail de ces analyses, qui ont été faites avec tout le soin, toute la précision désirables, et sous les yeux de M. le pharmacien en chef, par M. Besnou, pharmacien de première classe, qui a même bien voulu y joindre les analyses de trois autres matières qui ont de l'importance en agriculture.

DÉNOMINATIONS

DÉNOMINATIONS.		MATIÈRE organique azotée.	SABLE.	SILICE combinée.	ALUMINE.
Maërl. V. rameuse	1°	1 . 00	accidentel.	2.00	»
	2°	0 . 80	id.	1.50	»
	3°	1 . 20	»	1.90	»
	4°	1 . 20	»	1.90	»
	moyenne.	1 . 05	»	1.75	»
Maërl. V. en rognons	1°	1 . 60	accidentel.	2.00	»
	2°	1 . 40	»	1.60	»
	3°	1 . 50	»	2.00	»
	moyenne.	1 . 50	»	1.90	»
Coquilles d'huitres	1°	0 . 80	accidentel s'élevant 2 fois à 2.	»	»
	2°	1 . 10	id.	»	»
	3°	0 . 80	»	»	»
	4°	0 . 99	accidentel s'élevant 2 fois à 2.	»	»
	moyenne.	0 . 87	»	»	»
Coquilles d'oursins	1°	4 . 20	»	»	»
	2°	4 . 00	»	»	»
	moyenne	4 . 10	»	»	»
Treaz ou sable du Minou	1°	à peine sensible.	28 (Débris de granites.)	»	»
	2°	id.	30	»	»
	moyenne	id.	29	»	»
Sable de la baie de Douarnenez		inappréciable.	51.5 (Débris de granits, de phyllades et de schistes argileux)	»	1.50
— des blancs sablons du Conquet		id.	69 . 00	»	inappréciable
Vase de bon repos	Rivière de Landerneau.	4 . 60 (Provenant de débris végétaux.)	85 . 00	»	4.80
— de Camfrout	Rivière de Landerneau.	11 . 00	72 . 00	»	4.40
— de la Grande Vasière	Rivière de Landerneau.	5 . 00	64 . 00	»	2.00
— du Faou		5 . 40	88 . 88	»	2.60

OXYDE de fer.	CARBONATE calcaire.	MAGNÉSIE.	SULFATE calcaire.	PHOSPHATE calcaire.	EAU de combinaison.	SELS solubles de l'eau de mer.	OBSERVATIONS.
traces.	79.80	traces.	traces.	»	16.20	inappréciable.	
id.	80.00	id.	id. (Se formant probablement pendant la calcination.)	»	17.70	»	
»	79.60	id.	id.	»	17.30	»	
»	80.00	id.	id.	»	16.90	»	
»	79.90	id.	id.	»	17.02	»	
»	75.00	id.	id.	»	21.00	»	
»	75.00	id.	id.	»	22.00	»	
»	75.05	id.	id.	»	21.45	»	
»	75.02	id.	id.	»	21.58	»	
»	97.00	»	»	»	»	»	
»	97.00	»	»	»	»	»	
»	99.00	»	»	»	»	»	Ces coquilles contiennent beaucoup d'eau de mer interposée entre leurs lames ; décrépitent fortement au feu ; aussi ont-elles été lavées et pulvérisées avant l'essai.
»	98.00	»	»	»	»	abondant.	
»	97.70	»	»	»	»	»	
»	70.00	»	»	2.00	23.80	»	
»	72.00	»	»	2.00	22.00	inappréciable.	
»	71.00	»	»	2.00	22.90	»	
»	71.00	»	»	1.10	»	inappréciable.	Formé de débris de coquilles assez volumineux et de coquilles entières déterminables à simple vue.— Sable très-gros.
»	69.20	»	»	0.80	»	»	
»	70.00	»	»	0.95	»	»	
0.05	45.00	»	»	»	»	1.10 (Séparés avant l'essai par eau distillée.)	Très-fin. — Coquilles microscopiques.
traces.	27.00	»	»	»	»	1.20	Très-fin. — Coquilles microscopiques.
»	5.60	»	»	»	»	1.00	Grise. — Très-sableuse.
»	11.60	»	»	»	»	2.50	Fétide et contenant une grande quantité de débris de rostira oceanica.
»	29.00	»	»	»	»	0.50	Très-riche en bucardes
traces avec alumine.	2.60	»	»	»	»	1.30	Sable fin, jaunâtre, argileux.

On se bornera à rappeler, à la suite de ce tableau, que les parties fertilisantes sont représentées par la matière organique azotée, par les combinaisons calcaires et par les sels marins.

Besoins particuliers des cantons.

Par son enquête, la commission a reconnu qu'en ce qui concerne les diverses espèces d'engrais de la rade de Brest, les besoins particuliers des cantons du Finistère n'étaient pas les mêmes; que le littoral, par exemple, tenait par-dessus tout aux varechs, tandis que l'intérieur ne réclamait que les amendements calcaires.

Cette opposition de besoins dérive de la nature différente des terres et de la situation relative de l'agriculture dans ces cantons.

Dans la première partie, le sol, déjà en plein rapport et suffisamment divisé, ne réclame qu'un engrais annuel que lui offre abondamment le goëmon. — Dans la seconde, où le sol est lourd, compacte, et où il y a tant de terrains à défricher, les amendements calcaires sont absolument indispensables.

Une telle opposition est d'ailleurs doublement heureuse, puisque le littoral est à même de se procurer aisément le goëmon qui ne peut même être envoyé au loin, et puisque les cantons de l'intérieur trouvent dans le maërl l'amendement calcaire le plus précieux et du plus facile transport.

Il existe même pour ce dernier un avantage vraiment spécial et qui sert de compensation aux peines et aux dépenses qu'occasionne un transport plus ou moins long : c'est que, plus on s'éloigne de la côte, plus les amendements marins acquièrent de force, d'énergie et de durée.

Cela viendrait-il de ce que les terres du littoral, constamment enveloppées de brumes salines qui les pénètrent de leurs principes, seraient moins sensibles que celles de l'intérieur aux effets d'engrais qui contiennent ces mêmes principes?

Quoi qu'il en soit, le fait a été affirmé sur trop de points et par des personnes trop dignes de foi pour qu'on puisse le mettre en doute.

Au surplus, si les déclarations ont varié sur la valeur relative des engrais par rapport à tels ou tels cantons, il n'y a eu qu'une seule voix pour signaler les immenses avantages des engrais que produit la rade de Brest, et pour demander que toutes les facilités possibles soient accordées quant à leur exploitation.

Effets des res-

La commission a dû s'attacher à reconnaître, dans le cours

de son enquête, quel avait été, relativement à l'agriculture, l'effet des restrictions apportées par la marine dans le dragage du maërl et du goëmon rouge.

trictions apportées dans le dragage du maërl et du goëmon rouge.

Pour le goëmon rouge, l'enquête faite à Plougastel, commune à laquelle appartiennent les 4/5 des bateaux qui se livrent à la pêche des engrais, a constaté que *l'exploitation avait doublé depuis cinq ans*. Cela est dû sans doute aux facilités de plus en plus grandes successivement accordées par l'autorité maritime, et qui ont été indiquées au commencement de ce rapport.

Quant au maërl, il est certain qu'il y a eu diminution considérable et telle que quelques cantons s'en sont trouvés privés. — Il est encore certain que les pêcheurs n'ont nullement profité de la latitude qui leur avait été laissée de draguer dans la rade de Brest proprement dite et dans la rivière de Châteaulin, soit que leurs habitudes s'en trouvassent trop dérangées (raison majeure pour qui connait le caractère breton), soit qu'ils ne fussent pas excités par un gain suffisant et comparable à celui donné par le treaz, dont l'exploitation a pris un développement de plus en plus considérable, à mesure que diminuait celle du maërl.

Il est d'ailleurs à craindre qu'il n'en soit de même jusqu'à ce que le prix de ce précieux engrais soit augmenté de manière à stimuler les pêcheurs, augmentation reconnue possible par la presque unanimité des cultivateurs entendus par la commission.

Consommations annuelles des communes entendues dans l'enquête.

Voici, d'après les renseignements qui lui ont été fournis et qui n'ont pu malheureusement être bien complets, les consommations annuelles des communes où s'est faite l'enquête, en maërl, treaz et goëmon rouge ; car il n'y avait pas à s'occuper des varechs de coupe ou provenant d'épaves dont l'agriculture est en pleine jouissance et dont il est recueilli des quantités considérables.

Maërl .... 4,172 tonneaux, pouvant engraisser.. 278 hectares, et valant..... 6,975 fr. 50 c.
Treaz....................... 48,694 tonneaux, pouvant engraisser 1,623 hectares, et valant..... 124,722 fr. 50 c.
Goëmon rouge, 400 batelées ou 27,000 tonneaux, pouvant engraisser 1,080 hectares, et valant..... 45,851 fr. 00 c.

Tout approximatifs qu'ils sont, ces chiffres établissent l'importance du mouvement auquel donnent lieu les engrais de mer, ainsi que leur influence sur la culture du pays, et il convient de remarquer que, indépendamment de la valeur première des engrais, il faut aussi tenir compte des avantages bien supérieurs qu'en retire l'agriculture, et qui ne se bornent pas aux seuls produits de la terre, puisqu'ils s'étendent jusque sur l'élève des chevaux et sur le commerce en bétail, suif, beurre, cuir, etc., etc.

Partout, enfin, il a été déclaré que les consommations en engrais de mer tendaient incessamment à s'accroître, et que leur exploitation ne serait jamais assez étendue pour satisfaire à tous les besoins de l'agriculture.

Conciliation des deux intérêts et mode d'exploitation pour les engrais de mer.

Après s'être bien pénétrée des intérêts les plus essentiels de la pêche maritime et de l'agriculture, la commission avait à rechercher les moyens de les concilier, et le mode d'exploitation le plus convenable pour les engrais de mer.

Quel qu'il soit, ce mode sera sans doute nuisible au fond de la pêche, puisque ces engrais ne pouvant être obtenus qu'au moyen de la drague, il ne s'agit de rien moins que de tolérer l'usage d'un engin proscrit comme éminemment destructeur par les anciennes ordonnances, qui ne permettent de l'employer que pour la seule pêche des huîtres.

Mais en présence du puissant intérêt de l'agriculture dont la prospérité importe tant à la sécurité, à la fortune du pays, en présence des besoins extrêmes constatés par l'enquête, et qui viennent d'être exposés, la commission a compris qu'il serait sage de se relâcher d'une sévérité que n'aurait certainement pas eue l'ancienne législation, si l'on avait connu dès lors les précieuses qualités des engrais de mer. — Le soin avec lequel l'ordonnance de 1681 a réglementé tout ce qui concerne les goëmons croissant sur la côte ou y venant épave en serait, au besoin, une preuve convaincante.

La commission a donc pensé que le dragage de ces engrais pouvait et devait être permis, sauf à prendre les précautions propres à garantir la pêche du poisson frais et du coquillage de tout dommage par trop préjudiciable.

Ce dragage peut même avoir, dans une certaine limite, une utilité réelle pour l'industrie huîtrière, en curant les fonds, en les rendant plus favorables à la reproduction du coquillage, qui sera débarrassé d'une foule d'animaux marins qui l'attaquent et le détruisent (oursins, astéries, serpules, etc.), et du goëmon rouge qui l'étouffe quand il prend trop de développement et vient à se briser.

Une autre considération bien plus importante a surtout entraîné la détermination de la commission, c'est qu'en l'état actuel des choses, et par suite de l'épuisement du fond de pêche, l'exploitation des engrais constitue réellement, comme le prouvent les chiffres déjà consignés dans ce rapport, l'une des meilleures, l'une des principales ressources des pêcheurs. — Toute mesure tendant à faciliter, à étendre cette exploitation sera donc favorable aux gens de mer, et, par suite, à la marine.

A ce point de vue, l'intérêt maritime et l'intérêt agricole viennent se confondre, et il ne reste plus qu'à trouver un mode d'exploitation qui leur accorde une juste protection et leur assure des avantages réciproques; c'est ce que s'est efforcée de faire la commission.

Il est à remarquer que les trois engrais principaux, maërl, treaz et goëmon rouge, se présentent en masses considérables à *l'état mort*. Dans cet état, qui est même unique pour le treaz, ils forment de véritables bancs qui, poussés par l'action de la mer, viennent tomber dans les chenaux les plus profonds, se fixer dans les remous, s'amonceler près des roches, ou bien aboutir sur certaines plages, dans quelques baies.

C'est ainsi que se constituent les grands gisements que l'on remarque sur beaucoup de points de nos côtes (à Bréhat, à Morlaix, au Conquet, aux Glénans), et qui se composent d'un *maërl mort*, roulé et brisé, évidemment arraché à d'immenses bancs de *maërl vif* qui doivent exister au large. — C'est ainsi qu'arrive au Minou le treaz ou sable chargé de débris de coquilles. — C'est ainsi que, dans la rade de Brest, le goëmon rouge brisé s'amasse dans certaines baies, ou se dépose sur la plage en quantité tellement considérable qu'on en a vu, dans l'hiver de 1840 à 1841, plus de 10,000 charretées sur la grève du *Moulin-Blanc*, d'où elles ont été bientôt enlevées par des centaines de voitures chargeant à la fois.

A l'état mort, le maërl, le treaz et le goëmon rouge, loin d'être favorables au fond de la pêche, lui sont plutôt nuisibles parce que, continuellement en mouvement, ils ne peuvent servir de refuge au poisson ni d'abri au frai, et qu'en s'amoncelant dans certaines parties, ils étouffent, comme cela s'est vu, tout le coquillage qui s'y trouve.

Il n'y a donc alors qu'avantage à les exploiter, et à le faire sur la plus grande échelle possible, car, au moyen d'apports successifs, les bancs réparent promptement les pertes que leur fait subir l'exploitation.

Mais il n'en saurait être de même lorsque le maërl et le goëmon vivent, croissent et se reproduisent; car, indépendamment de l'influence favorable qu'ils exercent dans cet état sur la reproduction du poisson et du coquillage, il convient de tenir compte des lois qui régissent leur formation, leur développement et leur reproduction pour éviter un épuisement funeste aux intérêts mêmes de l'agriculture.

Passant en ce qui concerne la rade de Brest (où le maërl ne se présente pas à l'*état mort* en quantités assez considérables pour nécessiter des mesures spéciales), à l'application de ces règles, qui sont, d'ailleurs, susceptibles d'être généralisées, et mettant à profit les connaissances qu'elle avait acquises par ses attentives et nombreuses explorations, la commission s'est occupée d'arrêter l'aménagement des engrais sous-marins, et de formuler ses propositions en ce qui est des dispositions relatives à leur exploitation.

Aménagement de la rade de Brest.

Quant à l'aménagement, elle a cru devoir, pour rendre son travail plus simple et en même temps plus facile à saisir, l'opérer sur la carte officielle de la rade de Brest, dressée en 1816 et 1817 par les ingénieurs hydrographes de la marine, en indiquant la position et la configuration des huîtrières par un tracé vert, des gisements de maërl et de coquilles brisées par un tracé jaune, et des lieux où se trouve le goëmon rouge par un tracé rouge. — Un exemplaire de cette carte, ainsi divisée, sera joint à chacune des expéditions du présent rapport.

Il résulte de ces délimitations, ainsi que l'on peut s'en assurer par un simple coup d'œil, qu'il existe dans cette rade :

Huîtrières.

1° Dix-neuf huîtrières dont voici le nom et l'ordre en suivant la côte depuis la pointe des Espagnols (côte Sud) jusqu'à la pointe du Porzic (côte Nord).

N° 1. Huîtrière de Quelern (ruinée);
— 2. — du Fret;
— 3. — du Poulmic;
— 4. — de l'Exploration
— 5. — de Lomniergat;
— 6. — dite Grand-Banc;
— 7. — des Anglais;

N° 8. Huitrière des Sceuilloux;
— 9. — du Binde;
— 10. — du Chasseur;
— 11. — de l'Ecureuil;
— 12. — de Rose;
— 13. — de l'Active;
— 14. — de Pen-an-land;
— 15. — des Péniches;
— 16. — de Lauberlach;
— 17. — de l'Herbier;
— 18. — de Saint-Marc;
— 19. — de Saint-Jean;

Gisements de maërl et de débris de coquilles.

2° D'immenses et très-riches gisements de maërl presque toujours vif et de débris de coquilles, couvrant toutes les parties comprises en dedans des lignes jaunes, c'est-à-dire, d'une part, commençant à la pointe du Porzic, s'élargissant considérablement au Nord et au Sud de Brest, et s'étendant jusqu'au-dessus de Kerhuon, dans la rivière de Landerneau, et de l'autre, partant de la pointe Espagnole, occupant presque toute la surface de la baie du Sud, et s'étendant, après une légère lacune vis-à-vis de la rivière de l'Hôpital, jusqu'à la pointe du Tabac, dans la rivière de Châteaulin, à six milles au-dessus de Landevennec;

Gisements de goëmon rouge.

3° Un certain nombre de points où se trouve plus particulièrement et en grande quantité le goëmon rouge, tels que la grande baie qui s'étend de la pointe des Espagnols à celle de l'île Longue, toute l'anse du Frêt, le plateau de Lomniergat et du Loch, toute la baie de Daoulas, l'anse de Lauberlach, la plus grande partie de la côte de Plougastel vis-à-vis de Brest, le banc de Saint-Marc et l'anse du Moulin-Blanc.

Par suite, la commission a pensé :

1° Qu'il n'y avait lieu de faire aucune réserve pour l'huîtrière ruinée de Roscanvel, ni pour celle qui existe sur la rive Sud de la rivière de Châteaulin, de Trégarvan à la pointe du Tabac, et dont il n'a pas été fait mention plus haut, parce que le coquillage, de qualité tout à fait inférieure, n'a jamais été recherché des pêcheurs; mais qu'il convenait de réserver exclusivement à l'industrie huîtrière toutes les parties occupées par les dix-huit autres huîtrières, en y rattachant même partout une lisière de 100 mètres de large, en prévision de l'accroissement que pourraient prendre les bancs, et en ayant soin, pour la même raison, de fermer entièrement les baies de Daoulas et de Lauberlach, comme il est indiqué sur la carte par un tracé vert;

2° Qu'il serait convenable de laisser draguer le maërl et les coquilles brisées dans tout l'espace compris *en dedans du tracé jaune ;*

3° Et, enfin, que le goëmon rouge pourrait être dragué seul ailleurs que sur les huîtrières et en dedans du tracé rouge, et en même temps que les huîtres sur les fonds qui lui sont communs avec ce coquillage.

En présentant avec confiance et d'*un avis unanime* cet aménagement, qui, basé sur la situation exacte des choses, concilie les intérêts maritime et agricole, et mérite, conséquemment, d'être consacré par l'autorité supérieure, la commission a compris qu'il était convenable de faire quelques réserves pour ne pas trop engager l'avenir.—Il a donc été convenu que, dans le cas où de nouvelles huîtrières viendraient à se former, tout dragage de maërl cesserait sur les points qu'elles occuperaient, comme aussi, dans le cas où quelques-unes des huîtrières existantes disparaîtraient tout à fait, le dragage des engrais de mer pourrait se faire sur leur emplacement.

L'aménagement étant arrêté, il restait à régler à quelles époques, par qui et comment serait faite l'exploitation.

Époques des exploitations.

Sur la question des époques, il n'y a eu nulle difficulté en ce qui concerne les huîtrières.—Jusqu'à présent, l'autorité maritime locale s'est réservé le soin, tout en se renfermant dans la limite du 1er septembre au 30 avril admise presque partout, et dernièrement encore par la convention passée entre la France et l'Angleterre, le 23 juin 1843, de fixer les jours d'ouverture et de clôture de la pêche des huîtres.—Ce n'est, en effet, qu'en tenant compte de l'abondance plus ou moins grande du coquillage, de la situation des bancs et des conditions atmosphériques favorables à l'exportation, qu'il est possible de bien conduire l'exploitation des huîtrières et d'en tirer le parti le plus avantageux. Il n'y a donc rien à changer à cet égard.

Pour les huîtres.

Pour le maërl.

Mais pour le maërl, il y a eu incertitude, hésitation, longue discussion ; et cela devait être, puisque l'histoire naturelle n'offre aucune donnée sur la reproduction plus ou moins rapide de cette matière, c'est-à-dire sur la cause essentielle qui pouvait seule guider dans la question.—On était donc réduit à ne juger que d'après l'influence exercée par telle ou telle époque sur les intérêts particuliers de l'agriculture et de la marine.

Ainsi, l'agriculture ne se préoccupant que de ses propres besoins, et tenant avant tout à rendre plus faciles les transports, et à former des approvisionnements avant l'époque des premiers ensemencements, désirait que le dragage du maërl fût permis non-seulement en automne et en hiver, mais encore pendant la plus grande partie de l'été.

De son côté, la marine, voulant protéger efficacement la reproduction du coquillage et du poisson, insistait pour que tout dragage fût suspendu pendant le temps de la grande fraieson.

Les raisons données par l'intérêt agricole s'appuyaient sur des faits constants, positifs, palpables, et résistaient à la discussion.

Celles qu'invoquait l'intérêt maritime semblaient, au contraire, appartenir, jusqu'à un certain point, au domaine de l'hypothèse.

En effet, pour certains esprits, et même de très-bons esprits, le frai du poisson existerait en masses tellement considérables, que les procédés des pêcheurs n'exerceraient, quels qu'ils fussent, qu'une inappréciable influence sur le fond de la pêche.

Mais une telle opinion, que n'ont jamais partagée ni le plus grand nombre des personnes compétentes, ni les pêcheurs mêmes; une telle opinion, que viennent, d'ailleurs, contrarier plusieurs exemples de races détruites ou à peu près éteintes, dans certaines localités, par le seul fait des hommes; une telle opinion, qui serait surtout inadmissible en ce qui est des espèces de poissons et de coquillages qui naissent, vivent et se reproduisent en quelque sorte sous les yeux de l'homme, qui peut les poursuivre, les atteindre et les anéantir jusque dans leurs derniers refuges; une telle opinion ne saurait l'emporter sur un corps de doctrines tout opposées et qui ont reçu la consécration de l'ancienne législation.

Peut-être vieillies dans la forme et dans quelques détails, mais toujours respectables quant aux principes généraux qui en constituent le fond, l'ordonnance de 1681 et les déclarations royales des 23 avril, 2 septembre 1726 et 18 mars 1727 ont établi, pour assurer la conservation du frai, des règles trop utiles, trop sages, pour qu'il soit permis d'y déroger directement, même dans quelques cas particuliers.

Une autre raison très-importante venait encore justifier la nécessité de restreindre l'emploi de la drague : c'est la protection que mérite la pêche des poissons de passage (maquereaux et sardines) qui, malgré ses intermittences, n'en est pas moins une des meilleures ressources des pêcheurs. Or, l'on sait que tous les filets traînants effraient ces poissons, qui s'éloignent aussitôt et ne reviennent plus.

Enfin, après avoir longuement discuté sur un point aussi essentiel, la commission mixte, comprenant qu'il est impossible de s'écarter trop ouvertement des mesures qui garantissent la conservation du frai ; reconnaissant que, puisqu'en règle générale, la pêche des huîtres est autorisée du 1er septembre au 30 avril, il paraît juste d'accorder à l'exploitation du maërl la même durée ; et remarquant que c'est, d'ailleurs, du 1er mai au 31 août que s'opère la plus grande fraieson et qu'apparaissent les poissons de passage ; la commission, après avoir enfin recherché et reconnu les lieux où le dragage pourrait être fait sans inconvénient, toute l'année, par la nature des fonds qui sont évidemment défavorables à la conservation du frai, et, par conséquent, à la reproduction du poisson et du coquillage, se range *unanimement* à cette conclusion, que le dragage du maërl, en rade de Brest, peut être fait du 1er septembre au 30 avril, et que l'on peut draguer, toute l'année, les engrais de mer dans la rivière de Châteaulin, au-dessus d'une ligne s'étendant de la poudrière d'Arun à la grande rue de Landevennec, ainsi que sur la côte N. du goulet de Brest, depuis la pointe du Vieux-Délec jusqu'au Minou compris.

Pour le goëmon rouge.

Pour le goëmon rouge, les mêmes hésitations ne pouvaient exister.

Bien renseignée par l'histoire naturelle sur le moment de la formation de ce fucus, de sa maturité et de l'échappement de ses semences, la commission a pu se prononcer en parfaite connaissance de cause. Elle pense donc que le goëmon rouge poussant sur les fonds occupés par des huîtrières ne doit être dragué que lorsqu'aura lieu l'exploitation de ces huîtrières (mesure qui s'explique d'elle-même), et que, partout ailleurs que sur les bancs d'huîtres, le dragage de ce fucus ne devra se faire que du 1er décembre au 1er avril.

La commission eût vivement désiré pouvoir, ainsi que l'ont demandé les cultivateurs de la commune de Plougastel, proposer de fixer l'ouverture du dragage du goëmon rouge au 15 octobre, ce qui eût permis de l'appliquer aux ensemencements d'hiver ; mais elle devait, avant tout et par-dessus tout, assurer la reproduction de ce précieux fucus, et c'est ce qui l'a conduite à se déterminer pour le 1er décembre, époque qui est même peut-être encore prématurée.

Quant aux deux autres questions, celles de savoir *par qui* et *comment* serait faite l'exploitation des engrais marins, la commission a dû y donner également tous ses soins.

Exploitations; par qui faites.

Son attention s'est d'autant plus fixée sur la première, qu'il lui était revenu que des spéculateurs se proposaient d'appliquer au dragage des engrais de mer un bâtiment à vapeur d'une certaine puissance.

En présence d'une telle éventualité, la commission tient à faire connaître toute sa pensée, et à déclarer que, si elle avait pu admettre un seul instant la réalisation d'un pareil projet, ses propositions les plus essentielles eussent été profondément modifiées, et peut-être même toutes différentes de ce qu'elles sont.

Défense d'employer de puissants moyens mécaniques.

En faisant une très-large part à l'agriculture, la commission a été surtout entraînée par ces considérations capitales, que l'exploitation des engrais de mer offre de notables avantages à la classe des pêcheurs, contribue à en augmenter le nombre, et vient ainsi compenser le dommage qu'en peut éprouver la pêche maritime.

Mais si l'exploitation était faite par des moyens mécaniques assez puissants pour suppléer au grand nombre d'hommes qui l'exercent aujourd'hui, pour enlever à la plupart, sinon à la totalité des pêcheurs, une industrie sans laquelle ils ne pourraient subsister, les considérations qui ont servi de base aux précédentes déterminations de la commission ne cesseraient-elles pas d'exister? Avec les raisons devraient alors disparaître les conséquences, comme avec la cause tombent les effets.

N'a-t-on pas vu, d'ailleurs, sur une foule de points, dans les arsenaux maritimes comme dans les grandes villes de fabrique, ajourner ou repousser même l'adoption de mécaniques qui auraient certainement procuré une grande économie de temps, de bras, et, par suite, de main-d'œuvre, mais qui eussent enlevé à de nombreux ouvriers le travail qui seul les soutenait?

Ne doit-on pas, à plus forte raison, préserver d'une concurrence désastreuse, anéantissante, la classe des gens de mer qui est l'un des premiers éléments de la force et de la prospérité nationales, et qu'il est d'autant plus essentiel de conserver, de développer, qu'elle ne se reformerait pas, qu'elle ne s'obtiendrait pas aussi facilement qu'un corps d'ouvriers?

Indépendamment de ces raisons, déjà bien décisives, il en existe une autre non moins concluante et qui se rapporte spécialement à la pêche maritime. Afin de garantir, autant que possible, ce précieux intérêt, la commission s'est préoccupée de la force des dragues employées pour l'exploitation de l'huître et des engrais de mer, afin de reconnaître si cet engin, qui agit *directement* sur le fond, n'y pénétrait pas trop profondément. Cette précaution, qu'expliquent les restrictions si grandes mises par les anciennes ordonnances à l'usage de la drague, suffirait seule pour faire comprendre le dommage que ne manquerait pas de produire l'emploi d'instruments de grandes dimensions mus par de puissants moyens de traction. Les fonds, au lieu d'être effleurés ou légèrement mordus, seraient tellement bouleversés, qu'outre la ruine complète de la pêche et l'épuisement total des engrais, il y aurait peut-être même à craindre pour la sécurité de la navigation.

Déterminée par toutes ces importantes considérations, la commission a pensé qu'il convenait de poser en principe absolu, que le dragage des engrais de mer, comme celui des huîtres, ne serait fait que *par les bateaux pêcheurs non pontés, de la localité, ayant quille, mâts, voiles et gouvernail, et montés par des hommes de l'inscription maritime.*

Ces conditions s'expliquent d'elles-mêmes.

Espèce des bateaux.

Par l'espèce des bateaux, la commission a voulu garantir, autant qu'il était possible, la sûreté des hommes qui se livrent à une exploitation souvent dangereuse par les lieux et les saisons où elle se fait, tout en n'y laissant participer que les bateaux d'un faible tonnage, afin d'occuper le plus grand nombre possible d'individus. Il est, d'ailleurs, évident que, dans le cas où ces bateaux viendraient à se pourvoir d'agents mécaniques, ce ne pourrait être que de faibles moyens, tels que moulinets ou treuils.

Pêche exclusivement réservée aux gens de mer.

Par la composition des équipages, elle a tenu à maintenir, dans toute leur plénitude, les dispositions de l'ordonnance du 31 octobre 1784 et de la loi du 3 brumaire an IV, qui assujettissent au régime de l'inscription maritime *tous ceux qui exercent la navigation ou la pêche de mer sur les côtes ou dans les rivières, jusqu'au lieu où remonte la marée.*

Sur ce dernier point, aucune déviation ne saurait, d'ailleurs, être admise sans porter atteinte aux principes sur lesquels reposent la liberté de la pêche maritime et l'espèce de contrat synallagmatique qui lie les gens de mer et l'Etat.

En se reportant à l'ancienne législation, on voit, en effet, que le droit de pêche, que la faculté d'exploiter le domaine de la mer, qui, comme tant d'autres choses et même plus que tant de choses de première nécessité, auraient pu être imposables, n'ont été concédées gratuitement qu'en échange d'une obligation de service personnel.

Or, en laisser jouir des gens qui échapperaient à cette charge, serait réduire considérablement les bénéfices des marins sur qui elle pèse de tout son poids, priver ceux-ci des avantages qui doivent leur appartenir exclusivement, et détruire, par sa base fondamentale, notre système d'inscription maritime, qui est l'objet de l'admiration et de l'envie des puissances rivales.

Exploitation; comment faite.

A l'occasion de la troisième et dernière question, celle de savoir comment serait faite l'exploitation, la commission a dû pénétrer dans quelques détails pour reconnaître le degré d'efficacité des mesures déjà prises, et pouvoir proposer celles qu'il lui paraîtrait convenable d'adopter.

Elle s'est ainsi convaincue que toutes les mesures arrêtées par l'autorité maritime dans le but de réglementer la matière, particulièrement en ce qui concerne les huîtres, étaient excellentes et devaient être maintenues; mais, en raison de l'extension nouvelle et très-grande que va prendre une triple exploitation, il lui a semblé que ces dispositions demandaient à être complétées.

Mesures générales d'ordre, de police et de surveillance.

Ainsi, la commission mixte pense qu'il conviendrait de les généraliser, et d'assujettir le dragage des engrais de mer, qui n'est, par le fait, qu'une branche de la *pêche maritime*, à toutes les mesures d'ordre, de police et de surveillance qui ont été adoptées pour les huîtres, à savoir :

1° La désignation, par le préfet maritime, des lieux et des époques d'exploitation, après visite préalable;

2° L'exclusion, au moins provisoire, des bateaux étrangers au quartier, et même à la rade de Brest;

3° L'inscription, le numérotage et la division en séries des bateaux qui se livreront à cette exploitation, et qui devront être pourvus de bulletins spéciaux délivrés par le commissaire de l'inscription maritime;

4° L'obligation de ne pêcher qu'en présence d'un bâtiment garde-pêche, et aux heures qu'il indiquera;

5° Celle de faire visiter par ce bâtiment les dragages obtenus, et de se soumettre aux triages qui seraient ordonnés;

6° Les suspensions de pêche prononcées contre les contrevenants.

Voici, dans l'opinion de la commission, comment devrait être complétée chacune de ces mesures.

Commission de visite à instituer

Premier point. — Jusqu'à ce jour, et probablement parce qu'il ne s'agissait que de l'industrie huîtrière, l'autorité maritime locale a déterminé les lieux et les époques d'exploitation sur les propositions de l'officier commandant les garde-pêches. Cet officier, qui avait, en quelque sorte, pris et connu les choses dès leur origine, offrait sans doute toutes les garanties désirables d'expérience et de connaissances pratiques; mais, comme il n'est déjà plus chargé de ce service, comme il paraît établi que le commandant de ces bâtiments sera changé tous les deux ans, ainsi que cela se fait pour les autres navires de guerre; comme on ne pourra plus, dès lors, compter sur une expérience longuement éprouvée; comme il ne saurait, d'ailleurs, appartenir à un officier militaire chargé de l'exécution d'une consigne de pénétrer dans les détails d'une réglementation administrative (ce qui ne se voit, au surplus, dans aucune des autres stations garde-pêches), la commission pense qu'il faut adopter un système tout différent.

Elle croit donc qu'il serait convenable d'arrêter qu'une commission permanente, dont la composition se rapprocherait, le plus possible, de la sienne, serait chargée d'examiner, chaque année, avant l'ouverture et à la clôture de chacune des exploitations, et même chaque fois que se présenterait quelque circonstance extraordinaire, la situation des huîtrières et des gisements de maërl et de goëmon rouge, et d'exprimer son avis sur l'ordre à suivre et sur les époques les plus favorables pour l'exploitation. Le préfet maritime statuerait ensuite sur ces propositions, après les avoir communiquées au commissariat de la marine, dont il prendrait également l'avis.

L'institution d'une telle commission paraît d'autant plus utile, que, dans l'ignorance complète où l'on est sur la reproduction plus ou moins rapide du maërl, il faudra nécessairement, comme il a été déjà dit, n'en permettre l'exploitation qu'avec une certaine réserve, en divisant, par exemple, les gisements principaux en diverses zones, comme cela s'est fait pour l'exploration, et en recommandant de la manière la plus formelle de suspendre les dragages dès que la vase prédominera, c'est-à-dire, lorsqu'il y aura plus qu'une efflorescence ou légère couche de maërl.

Or, tout en prenant les mesures qui permettront d'étudier, de suivre et de faciliter la reproduction de cette matière, il sera bon de prouver à l'agriculture qu'on n'agit que pour son plus grand avantage, et de lui offrir à cet égard la garantie d'une commission où elle se trouvera représentée.

Il va d'ailleurs sans dire que cette commission ne devrait être nullement admise à traiter de l'aménagement principal de la rade de Brest, des grandes divisions qui viennent d'être établies, ni des points essentiels qui sont examinés dans ce rapport, questions trop importantes pour être constamment remises en discussion, dont l'étude s'est faite avec tout le soin possible, et que l'autorité consacrera sans doute par une décision définitive.

Sa mission se bornerait donc à exprimer son avis sur la manière de régler l'exploitation annuelle en se tenant rigoureusement dans les limites de temps et de lieux qui ont été posées plus haut, sur les points ou les parties à exploiter, sur les époques d'ouverture et de clôture, enfin et principalement sur l'ordre à suivre dans l'exploitation. — Ce dernier point réclamera surtout une attention particulière de sa part, pour combiner les diverses exploitations de la manière la plus avantageuse aux intérêts des pêcheurs et de l'agriculture.

Cette commission ne devra pas perdre de vue que les besoins agricoles se font sentir pour le maërl dès le 1er septembre, et pour le goëmon rouge dès le 15 octobre; que ce fucus ne peut être dragué sur les points où il n'y a pas d'huîtres que le 1er décembre, et qu'enfin, par la situation encore peu florissante des huîtrières et par le grand nombre des bateaux pêcheurs, l'exploitation du coquillage doit être ménagée.

Il paraitrait donc convenable d'ouvrir le dragage du maërl le 1er septembre, d'autoriser vers le 15 octobre la pêche sur quelques-unes des huîtrières exploitables où se trouverait abondamment le goëmon rouge; de suspendre ensuite le dragage des huîtres jusqu'au commencement du carême, époque où ce coquillage est le plus recherché, et d'employer dans cet intervalle les bateaux à l'exploitation du maërl et à celle du goëmon rouge sur les points où ce fucus pousse seul et peut être récolté sans inconvénient à partir du 1er décembre.—Ces mesures peuvent se combiner d'autant plus facilement que presque tous les bateaux pêcheurs de la rade se portent indifféremment à l'une ou à l'autre de ces exploitations, et qu'en définitive un ordre différent dans leur travail ne diminuera en rien leurs profits.

Deuxième point. — La commission mixte croit nécessaire de *Exclusion des bateaux étrangers.*

maintenir encore momentanément l'exclusion des bateaux étrangers au quartier et même à la rade de Brest, jusqu'à ce qu'il soit reconnu si le nombre des bateaux pêcheurs de la localité est insuffisant pour exploiter les diverses productions de la rade, ou si cette exploitation procure des avantages assez grands pour éveiller et justifier une concurrence quelconque.

Division des bateaux en séries.

Troisième point. — La division des bateaux par séries devra être combinée de manière à permettre, lorsque plusieurs exploitations seront ouvertes en même temps, de se porter alternativement de l'une à l'autre.

Surveillance immédiate des garde-pêches.

Quatrième point. — L'obligation de ne pêcher qu'en présence d'un bâtiment garde-pêche est une mesure qu'il faut rendre d'autant plus rigoureuse que c'est le seul moyen d'empêcher les pêcheurs, toujours imprévoyants, toujours enclins à la maraude, de draguer sur les points dont l'exploitation ne serait pas permise, en profitant du voisinage de gisements de nature différente. — C'est aussi le seul moyen d'arrêter immédiatement le dragage dans le cas où des traces d'huîtres seraient découvertes, ou lorsqu'un banc de maërl serait près d'être épuisé.

Triage du produit des dragages.

Cinquième point. — L'obligation de trier les produits obtenus et de rejeter immédiatement les jeunes huîtres est tellement importante pour assurer la reproduction de ce coquillage et la conservation des huîtrières, que, pour rendre cette opération plus fructueuse, la commission propose de décider que l'un des bateaux de la série en exercice sera, chaque jour et à tour de rôle, tenu de recevoir le produit des triages et de le porter sur le point qui lui sera indiqué par le garde-pêche.— Il y a d'ailleurs une grande surveillance à exercer relativement au goëmon rouge dragué sur les huîtrières, et qui contient presque toujours quantité de jeunes coquillages.

Suspensions de pêche.

Sixième point. — Il convient d'étendre aux dragueurs d'engrais marins les suspensions de pêche prononcées en cas de contravention; c'est un correctif bien insuffisant; mais à défaut de tout autre, il ne faut pas négliger de s'en servir.

Indépendamment de ces mesures, la commission mixte croit qu'il y aurait lieu d'en adopter de nouvelles, qu'elle va successivement indiquer.

Dimension des dragues.

La dimension des dragues, qui influe beaucoup sur la conservation du fond de pêche, lui semble devoir être déterminée. — Ayant reconnu que la drague actuelle, dont on se sert indistinctement pour les huîtres et pour les engrais, peut être employée sans inconvénient, elle propose de la conserver et de décider que la lame de cet engin ne devra jamais avoir plus de 1^{m} 66 de longueur. — Quant à la profondeur des sacs et à la dimension des mailles, qui varient nécessairement selon le produit que l'on veut obtenir, il ne paraît pas nécessaire de s'en occuper.

Augmentation de la station garde-pêche.

En insistant sur la nécessité de ne laisser draguer qu'en présence d'un garde-pêche, la commission ne s'est pas dissimulé que les moyens de surveillance dont on dispose en ce moment seraient tout à fait insuffisants par suite de l'extension donnée aux opérations de pêche en rade de Brest.—Jusqu'à ce jour, et bien qu'il ne fût jamais dragué que sur un seul point, les trois petits bâtiments affectés à ce service (*Ecureuil*, *Active* et *Chasseur*) y suffisaient à peine, malgré une incessante activité, parce qu'il faut surveiller ceux qui ne pêchent pas comme ceux qui pêchent, afin de s'opposer à tout dragage sur les points réservés ; parce que cette surveillance doit s'étendre sur une rade de près de 80 milles de tour, qui compte un grand nombre de baies profondes et que sillonnent constamment, dans tous les sens, plusieurs centaines de bateaux ; parce qu'il faut enfin déjouer les mille ruses inventées par les pêcheurs et par les riverains pour tromper cette surveillance.

La commission pense donc qu'il est absolument nécessaire d'augmenter la station garde-pêche de la rade de Brest de deux petits bâtiments ayant une marche supérieure, condition essentielle qu'est bien loin de remplir l'une de péniches actuelles (*le Chasseur*).—Cette nécessité est tellement impérieuse que, dans le cas où les limites du budget y feraient obstacle sous certains rapports, la commission demanderait au moins qu'on pourvût immédiatement à cette augmentation au moyen de deux bonnes et fortes embarcations du port, dont les équipages seraient pris à bord du stationnaire, ou bien encore en créant pour la rade de Brest deux gardes maritimes pourvus d'excellents bateaux, et qui pourraient être placés, l'un à Lanveoc, l'autre au Tinduff, à l'entrée de la baie de Daoulas.

Matelots à placer en vigie.

Il est d'ailleurs un autre genre de surveillance qu'avait établi

M. le lieutenant de vaisseau Le Roy, et que ne saurait trop recommander la commission : c'est le placement en vigie, sur les points les plus importants, sur les caps les plus avancés, de matelots chargés d'observer tout ce qui se passe. Emprunté aux pêcheurs qui l'employaient depuis longtemps afin de suivre les mouvements des bâtiments garde-pêches et de mettre à profit leur éloignement pour se livrer impunément au maraudage, ce moyen est des plus efficaces.

Le très-grand développement que va prendre l'exploitation du coquillage et des engrais, en rade de Brest, a conduit encore la commission à reconnaître qu'il serait essentiel d'y instituer un inspecteur des pêches et des gardes jurés, comme il en existe déjà dans plusieurs localités, et notamment à Granville et à Cancale.

Création d'un inspecteur des pêches.

L'institution d'un inspecteur des pêches est d'autant plus indispensable, que, comme on l'a déjà dit, comme on ne le saurait trop répéter, tout est à étudier, tout est à suivre quant aux productions sous-marines de la rade de Brest ; ainsi la situation des huîtrières laisse encore à désirer, et ne pourra s'améliorer que par une exploitation sage et modérée ; ainsi les lois relatives au développement du maërl sont encore à connaître, et ne seront certainement découvertes que par une observation de tous les instants ; ainsi quelques points touchant le goëmon rouge restent encore à examiner, à résoudre.

Pour obtenir des résultats aussi désirables, il faut de toute nécessité un homme actif, intelligent, ayant déjà quelques connaissances sur la matière, et placé à *poste fixe*, pour suivre dans tous leurs détails les différentes pêches qui se feront en rade de Brest ; il faut enfin un inspecteur permanent.

La commission pense que l'on trouverait parmi les anciens officiers de vaisseau, parmi les anciens administrateurs, ou même, à défaut, parmi les capitaines du commerce qui ne naviguent plus, un homme qui conviendrait parfaitement à ce poste et qui l'accepterait, s'il pouvait cumuler le traitement qui y serait attaché avec la pension de retraite.

La création de cet emploi paraît tellement urgente à la commission, que, dans le cas où la rigueur budgétaire ferait encore obstacle à cet égard, elle prierait l'autorité supérieure d'examiner s'il ne serait pas possible d'y pourvoir immédiatement en faisant choix de quelque officier encore au service, mais touchant au moment de la retraite, auquel seraient conservés ses appointements d'activité jusqu'à ce qu'un crédit spécial permît de lui attribuer définitivement le titre et le traitement d'inspecteur des pêches.

Pour tirer de cet emploi le meilleur parti, il conviendrait d'imposer à celui qui le remplirait l'obligation de résider le plus près possible du centre de la pêche (à Penarvir ou au Tinduff, par exemple), de se transporter fréquemment, au moyen des garde-pêches, sur les points en exploitation, et d'adresser, tous les quinze jours, un rapport détaillé au commissaire de l'inscription maritime à Brest.

Établissement de gardes-jurés.

L'établissement de gardes-jurés n'est pas moins indispensable.—Ces agents, dont l'institution remonte à l'ordonnance de 1681, et que l'on a conservés dans quelques endroits, sont de la plus grande utilité. — Pris parmi les pêcheurs, élus par eux, possédant par conséquent toute leur confiance, les gardes jurés trouvent pour l'accomplissement des devoirs de police et de surveillance qui leur sont imposés par l'administration maritime, dont ils sont sous ce rapport les véritables délégués, des facilités que ne peuvent jamais avoir des agents salariés par l'Etat. — Leur autorité est admise et supportée plus facilement, leurs avertissements sont mieux reçus, leurs conseils sont plus souvent suivis; enfin, ce sont de précieux intermédiaires entre l'administration et les pêcheurs, qui sont toujours plus ou moins disposés à se dérober à son action, à méconnaître le but de ses actes.

Il eût été peut-être à craindre, il y a quelques années, que les pêcheurs de la rade de Brest ne fussent pas assez intelligents pour permettre de tirer de cette institution tous les avantages possibles; mais ils paraissent aujourd'hui bien mieux éclairés sur leurs véritables intérêts. Ensuite, l'essai fait par M. Le Roy de chefs de série ayant quelques-unes des attributions des gardes-jurés, les a en quelque sorte préparés à l'adoption de ce système.

La commission pense donc qu'il conviendrait d'autoriser la création de six gardes-jurés, auxquels serait accordé, comme juste dédommagement de leurs peines, le droit de pêcher tous les jours qu'ils ne seraient pas de service.

En résumé, elle demande qu'en ce qui concerne l'inspecteur et les gardes-jurés, on applique à la rade de Brest les dispositions du règlement du 24 juillet 1816 sur la pêche, dans la baie de Cancale et de Granville.

Regret de ne pouvoir réclamer la création de prud'hommes et d'un conseil des pêches.

La commission eût bien vivement désiré pouvoir réclamer la même application en ce qui est des prud'hommes et d'un conseil des pêches, institutions dont elle comprend toute l'excellence ; mais il ne lui a pas échappé qu'une telle application exigerait l'intervention du pouvoir royal, et même, en rigoureuse légalité, celle du pouvoir législatif.—Elle s'est donc abstenue de toute proposition à cet égard, espérant d'ailleurs que le département de la marine ne tardera pas, comme elle l'en prie instamment, comme on doit le lui demander de toutes parts, de s'occuper de codifier la pêche maritime, comme on vient de le faire pour la chasse, intérêt certainement bien moins précieux.

Intervention de l'administration dans les marchés pour les huîtres.

Mais elle insistera d'une manière toute spéciale sur la nécessité de défendre à Brest, comme cela existe à Cancale et à Granville, la passation de tout marché particulier *pour les huîtres.*

Elle s'est en effet convaincue, dans le cours de ses opérations, que les intérêts des pêcheurs n'étaient pas suffisamment garantis, et se trouvaient trop à la discrétion des marchands d'huîtres, qui se font toujours livrer des quantités bien supérieures au nombre convenu, et qui profitent souvent de l'avantage que leur donnent leurs dépôts ou parcs, pour imposer aux pêcheurs des rabais considérables quand ceux-ci rencontrent des embarras, des difficultés dans le placement de leurs produits.

Pour mettre un terme à toute spéculation de cette nature, il paraîtrait indispensable d'exiger que les marchés relatifs aux huîtres fussent passés en présence des gardes-jurés, de l'inspecteur des pêches et de l'administration du quartier, et d'accorder aux pêcheurs des lieux où ils pourraient déposer leurs huîtres, en attendant des circonstances plus favorables pour la vente.

L'administration maritime ne saurait sans doute apporter aucune entrave à la liberté du commerce, ni débattre des questions de prix ; mais il est de son devoir de veiller à la sincérité, à la stricte exécution des marchés passés entre les marchands d'huîtres et les pêcheurs, et de placer ceux-ci dans des conditions qui les mettent à l'abri des calculs d'une avide spéculation.

Hauteur hors

Il est enfin une mesure de police qu'il est urgent d'adopter pour les bateaux qui se livrent au dragage du treaz. — Oubliant toute prudence, les pêcheurs chargent tellement leurs embarcations, qu'elles n'ont presque plus de plat-bord hors de l'eau, et que leur perte est imminente si la brise force un peu ou si la mer devient clapoteuse.

de l'eau du plat-bord des bateaux chargés d'engrais.

Chaque année il y a plusieurs sinistres, et pendant les opérations de la commission, il en est survenu deux, coup sur coup, qui ont occasionné la mort de plusieurs hommes.

La commission croit donc devoir prier l'autorité de décider que les bateaux chargés de treaz ou de tout autre engrais de mer devront avoir au moins 160 millimètres de plat-bord hors de l'eau.

Les gardes-pêches veilleraient facilement à l'exécution de cette mesure pour les bateaux qui pêcheront dans la rade de Brest; et quant à ceux qui vont au Minou, le stationnaire pourrait être chargé de ce soin. — Une peine disciplinaire, telle qu'une suspension de pêche, paraîtrait devoir être infligée aux contrevenants.

Nécessité d'une prompte décision.

Après avoir indiqué les diverses mesures qu'il semblerait utile de compléter ou de prendre, la commission croit devoir insister pour qu'une prompte décision vienne consacrer celles que l'autorité jugera convenable d'adopter, et au nombre desquelles se placent, en première ligne, l'augmentation des bâtiments garde-pêches ainsi que la création d'un inspecteur et de six gardes-jurés.

Il serait, en effet, vivement à désirer qu'elles pussent être appliquées dès le commencement de l'exploitation prochaine, afin de prévenir les inconvénients qui ne manqueraient pas de se présenter si les opérations de pêche prenaient un bien plus grand développement, sans que les moyens de police et de surveillance fussent augmentés dans la même proportion.

Vases du port de Brest.

La commission avait eu, dès le début de ses opérations, l'intention de s'occuper des vases du port de Brest, qui, comme tous les autres produits du curage, sont jetées dans la rade, et qui cependant pourraient être d'une grande utilité pour l'agriculture.

Elle y était naturellement conduite, d'abord parce que la Penfeld est un des affluents de la rade, c'est-à-dire un des points dont elle avait à s'occuper, ensuite parce qu'elle avait pu reconnaître, dans ses explorations, qu'en portant ainsi la vase sur certaines parties de la rade, on altérait les fonds et nuisait même essentiellement à la formation, à la conservation des huîtrières.

Bien convaincue qu'une grande partie de la vase qui est enlevée entre l'avant-garde et l'arrière-garde du port de Brest, et qui s'élève à plus de 10,000 tonneaux par an, serait un excellent engrais à raison de la matière organique qu'elle contient en notable quantité, la commission comptait ouvrir l'avis de la faire transporter sur quelques points tels que Penfeld, Laninon, Saint-Marc, où les cultivateurs auraient pu venir la prendre.

Le genre de construction des gabares actuellement chargées de ce transport aurait peut-être mis obstacle au déchargement sur une partie assez élevée du rivage; mais cette difficulté aurait sans doute pu être levée par quelques changements dans les formes de ces gabares, et peut-être même par la simple adoption d'un système de clapets articulés.

Ayant appris que par suite de la proposition faite par un spéculateur de se charger de l'enlèvement de ces vases, une autre commission était saisie de la question et devait établir un cahier des charges, la commission mixte a dû s'abstenir de développer son opinion à cet égard.

Mais dans le cas où la proposition de ce spéculateur ne serait pas définitivement accueillie; dans le cas où l'on reculerait devant les graves inconvénients que produirait sans aucun doute la présence journalière sur tous les points de l'arsenal, au milieu des bâtiments et des magasins, d'agents étrangers au service de la marine; dans le cas où l'on reconnaîtrait que la plus active surveillance ne parviendrait même pas à empêcher les détournements frauduleux de matières que pourrait masquer l'enlèvement des produits du curage, la commission recommanderait à l'attention de l'autorité supérieure l'idée qu'elle vient d'émettre incidemment.

Résumé.

Résumant en peu de mots ses propositions les plus essentielles, la commission mixte déclare donc, *à l'unanimité*, qu'il lui paraît convenable :

1° De réserver exclusivement à l'industrie huîtrière les dix-huit points de la rade de Brest où se trouvent des bancs d'huîtres, et qui sont indiqués sur la carte jointe au présent rapport par un tracé vert et par des chiffres en noir allant du n° 2 au n° 19;

2° De laisser draguer le maërl en dedans des lignes jaunes ;

3° D'autoriser le dragage du goëmon rouge sur les points indiqués par un tracé rouge ;

4° De confier à l'autorité maritime locale le soin de fixer les époques d'ouverture et de clôture de la pêche des huîtres, en se tenant dans la limite du 1er septembre au 30 avril ;

5° D'adopter ces deux mêmes dates pour limites extrêmes du dragage du maërl ;

6° De ne laisser draguer le goëmon rouge qui se trouve sur les bancs d'huîtres que lorsque l'exploitation de ce coquillage y sera permise, et de ne l'autoriser sur les points où ce fucus pousse seul, que du 1er décembre au 1er avril ;

7° De laisser draguer toute l'année dans la rivière de Châteaulin, depuis Landevennec jusqu'à la pointe du Tabac, et sur le côte N. du goulet de Brest, depuis la pointe du Vieux-Delec jusqu'au Minou compris ;

8° De repousser l'emploi de tout puissant moyen mécanique pour le dragage des engrais de mer ;

9° De n'admettre à ce dragage, comme à celui des huîtres, que les bateaux pêcheurs non pontés de la localité, ayant quille, mâts, voiles et gouvernail, et montés par des hommes de l'inscription maritime ;

10° De compléter certaines mesures d'ordre, de police et de surveillance déjà prises pour la pêche en rade de Brest, et d'en adopter de nouvelles, par analogie avec ce qui existe dans la baie de Cancale et de Granville ;

11° De charger une commission permanente de l'examen préalable des lieux et des produits à exploiter ;

12° De déterminer la dimension des dragues ;

13° D'augmenter de deux petits navires la station garde-pêche ;

14° D'instituer pour la rade de Brest un inspecteur des pêches et six gardes-jurés ;

15° De faire intervenir l'administration maritime dans la passation et dans l'exécution des marchés qui ont lieu entre les pêcheurs et les marchands d'huîtres ;

16° D'accorder aux pêcheurs quelques lieux de dépôt ou de simple étalage ;

17° D'exiger que les bateaux chargés d'engrais de mer aient toujours 160 millimètres de plat-bord hors de l'eau ;

18° Et enfin, de prendre un parti quelconque, relativement aux vases extraites du port de Brest, et qui seraient d'une grande utilité pour l'agriculture.

Parvenue au terme de son travail, la commission mixte exprime sa satisfaction d'être arrivée, sur tous les points, à des *conclusions unanimes*, et par conséquent de nature à inspirer pleine confiance à l'autorité supérieure.

Elle espère donc que ce travail sera favorablement accueilli et recevra une très-prompte solution, qui, en sauvegardant l'intérêt maritime, ouvrira une nouvelle ère à l'agriculture dans le département du Finistère.

Arrêté en minute originale à Brest, le 27 août 1847.

Signé Delalun, capitaine de vaisseau, président;
De Pompery, membre du conseil général du Finistère;
L^s de Kerjégu, président de la société d'agriculture de Brest;
Quesnel, médecin professeur;
Eymin, sous-commissaire rapporteur.

Nota. M. le lieutenant de vaisseau Le Roy étant parti pour Toulon n'a pu signer le présent rapport, dont il avait, d'ailleurs, approuvé toute la partie faite avant son départ.

Les dispositions réglementaires proposées par la commission ayant été adoptées en principe par une décision de M. de Montébello, ministre de la marine et des colonies, en date du 3 décembre 1847, M. le commissaire-adjoint Eymin, aujourd'hui chef du bureau des subsistances, hôpitaux et chiourmes, fut chargé de formuler un arrêté pour l'exercice du dragage en rade de Brest.

Voici la teneur de cet arrêté, qui, après avoir subi l'examen du conseil d'administration du port de Brest, a finalement été signé par M. le préfet maritime et approuvé par le ministre.

ARRÊTÉ

sur

L'EXERCICE DU DRAGAGE EN RADE DE BREST.

Le Vice-Amiral, Préfet maritime,

Vu les arrêtés pris par son prédécesseur, les 26 octobre 1842 et 12 octobre 1843, relativement au dragage des huîtres et du maërl, en rade de Brest;

Vu la dépêche ministérielle, en date du 23 décembre 1846, timbrée : *Personnel. — Inscription maritime et police de la navigation, n°* 3,566, qui prescrit de faire examiner par une commission mixte d'enquête les diverses questions que soulève l'exploitation des huîtrières et des gisements de maërl et de goëmon rouge;

Vu le rapport fait par la commission chargée de cet examen, sous la date du 27 août 1847;

Vu la dépêche ministérielle du 20 décembre 1847 (*Personnel. —Inscription maritime et police de la navigation, n°* 3,257), qui donne une entière adhésion aux propositions unanimes formulées dans ce rapport;

Après avoir pris l'avis du conseil d'administration du port de Brest,

Arrête ce qui suit :

Art. 1er. — Le dragage des huîtres, du maërl et des débris de coquilles, ainsi que du goëmon rouge (*rhodomela pinastroïde*), est autorisé en rade de Brest, sous les conditions et réserves indiquées ci-après.

Art. 2. — Toutes les parties comprises *en dedans* du tracé vert, porté par la commission mixte d'enquête sur la carte hydrographique de la rade de Brest, jointe au présent arrêté, sont exclusivement réservées au dragage de l'huître. Aménagement de la rade.

Art. 3. — Ces points, dont la position, la configuration et Huîtrières.

la délimitation sont indiquées par le même tracé vert, sont les suivants :

Huîtrière	du Fret.........	marquée	sous le	N° 2.
—	de Poulmic.......	—	—	3.
—	de l'Exploration...	—	—	4.
—	de Lomniergat....	—	—	5.
—	dite Grand-Banc...	—	—	6.
—	des Anglais.......	—	—	7.
—	des Sceuilloux.....	—	—	8.
—	du Binde.........	—	—	9.
—	du Chasseur.......	—	—	10.
—	de l'Ecureuil......	—	—	11.
—	de Rose..........	—	—	12.
—	de l'Active........	—	—	13.
—	de Pen-an-land....	—	—	14.
—	des Péniches......	—	—	15.
—	de Lauberlach.....	—	—	16.
—	de l'Herbier......	—	—	17.
—	de Saint-Marc.....	—	—	18.
—	de Saint-Jean.....	—	—	19.

Art. 4. — En prévision de l'accroissement que pourraient prendre ces huîtrières, tout dragage autre que celui de l'huître est interdit dans les baies de Daoulas et de Lauberlach, en dedans de la ligne verte portée sur la carte et qui en assure la clôture, ainsi qu'autour des différentes huîtrières, à 100 mètres de distance au large.

Maërl et coquilles brisées.

Art. 5. — Le dragage du maërl et des coquilles brisées est autorisé dans tout l'espace compris *en dedans* du tracé jaune porté sur la carte arrêtée par la commission mixte d'enquête, c'est-à-dire, d'une part, en commençant par la pointe du Porzic, en s'étendant considérablement au N. et au S. de Brest, et en allant jusqu'au-dessus de Kerhuon dans la rivière de Landerneau, et, de l'autre part, en commençant à la pointe des Espagnols, en s'étendant sur presque toute la surface de la baie du S., et en allant, après une légère lacune vis-à-vis de la rivière de l'Hôpital, jusqu'à la pointe du Tabac, dans la rivière de Châteaulin, à 6 milles au-dessus de Landevennec.

Le dragage des mêmes produits pourra se faire sur l'emplacement de l'huîtrière ruinée de Roscanvel, indiquée sous le n° 1, sur la carte annexée au présent arrêté.

Goëmon rouge.

Art. 6. — Le dragage du goëmon rouge est autorisé dans les parties comprises en dedans des lignes rouges portées sur ladite carte, et qui sont : la grande baie qui s'étend de la pointe des Espagnols à celle de l'île Longue, toute l'anse du Fret, le plateau de Lomniergat et du Loch, toute la baie de Daoulas, l'anse de Lauberlach, la plus grande partie de la côte de Plougastel vis-à-vis de Brest, le banc de Saint-Marc et l'anse du Moulin-Blanc.

Art. 7. — Dans le cas où de nouvelles huîtrières viendraient à se former, ou d'anciennes à se rétablir, tout dragage de maërl et de goëmon rouge cesserait sur les points qu'elles occuperaient; comme aussi, dans le cas où quelques-unes des huîtrières reconnues disparaîtraient complétement, le dragage des engrais de mer pourrait se faire sur leur emplacement.

Ces changements aux délimitations établies par les articles précédents n'auraient lieu qu'en vertu d'arrêtés formels du préfet maritime.

Époques de exploitations.

Art. 8. — Le dragage des huîtres se fera aux époques déterminées par le préfet maritime, et qui devront rigoureusement se renfermer dans la limite du 1er septembre au 30 avril.

Art. 9. — Le dragage du maërl et des coquilles brisées n'est autorisé que dans la même limite de temps.

Toutefois, il pourra se faire toute l'année dans la rivière de Châteaulin, au-dessus d'une ligne s'étendant de la poudrière d'Arun à la grande rue de Landevennec, ainsi que sur la côte N. du goulet de Brest, depuis la pointe du Vieux-Délec, jusqu'au Minou compris.

Art. 10. — Le dragage du goëmon rouge, qui pousse sur les fonds occupés par des huîtrières, ne pourra se faire que lorsque l'exploitation de ces huîtrières sera autorisée.

Partout ailleurs que sur les bancs d'huîtres, ce fucus ne pourra se draguer que du 1er décembre au 1er avril.

Art. 11. — Les époques indiquées pour ces différents dragages doivent être considérées comme des limites extrêmes qui ne pourront jamais être dépassées ; mais le préfet maritime aura la faculté, tout en se tenant dans ces limites, d'ajourner et même de suspendre chacune de ces exploitations, si l'état des produits ou des fonds le rendait nécessaire.

Commission permanente de visite.

Art. 12. — Il sera formé à Brest une commission permanente,

dite *de visite*, qui sera chargée d'examiner *sur les lieux* et chaque année, un mois avant l'ouverture et un mois après la clôture de chacune des exploitations, et même chaque fois que se présentera quelque circonstance extraordinaire, la situation des huîtrières et des gisements de maërl et de goëmon rouge.

Art. 13. — Cette commission, qui n'aura nullement à traiter de l'aménagement principal de la rade de Brest, ni des autres règles établies par le présent arrêté, devra, en se tenant rigoureusement dans les limites de temps et de lieux posées par les articles précédents, exprimer son avis sur la manière de régler l'exploitation pendant la prochaine saison de pêche, c'est-à-dire sur les points ou les parties à exploiter, sur les époques d'ouverture et de clôture, enfin et principalement sur l'ordre à suivre dans l'exploitation.

Art. 14. — Autant que possible, l'exploitation sera réglée de manière :

1° A ouvrir le dragage du maërl le 1er septembre;

2° A autoriser, vers la mi-octobre, la pêche sur quelques-unes des huîtrières exploitables, où se trouverait abondamment le goëmon rouge;

3° A suspendre ensuite le dragage des huîtres jusqu'au commencement du carême;

4° A employer dans cet intervalle les bateaux à l'exploitation du maërl et à celle du goëmon rouge, sur les points où ce fucus pousse seul et peut être récolté à partir du 1er décembre.

Art. 15. — Le rapport dans lequel sera consigné l'avis de la commission permanente de visite sera transmis au préfet maritime, qui, après avoir pris également l'avis du commissaire général, fera connaître sa décision par un arrêté spécial.

A cet arrêté sera toujours jointe, pour que nul ne puisse prétexter cause d'ignorance, une instruction indiquant les points de relèvement que devront prendre les pêcheurs pour reconnaître les principales délimitations, et pour se tenir dans les limites fixées pour chaque exploitation partielle.

Art. 16. — La commission permanente de visite se composera :

D'un capitaine de vaisseau, président;

D'un membre du conseil général du département; D'un membre de la société d'agriculture de Brest; } désignés par le préfet du Finistère;

D'un officier supérieur du commissariat;

Du médecin professeur d'histoire naturelle au port de Brest;

Et de l'officier commandant les bâtiments garde-pêches de la rade.

De l'officier commandant les bâtiments garde-pêches.

Art. 17. — La police et la surveillance de la pêche des huîtres et du dragage des engrais de mer, en rade de Brest, s'exerceront spécialement, sous l'autorité du préfet maritime, par l'officier commandant les bâtiments garde-pêches, sans préjudice de l'action légalement dévolue au commissaire de l'inscription maritime, à l'égard de toutes les pêches.

Art. 18. — Cet officier réglera son service, de manière :

1° A faire constamment surveiller les parties de la rade où le dragage sera suspendu ou interdit;

2° A entretenir au moins une péniche sur les lieux et pendant les heures d'exploitation;

3° A placer des matelots en vigie sur les caps avancés de la rade, d'où l'on pourrait apercevoir les mouvements des bateaux pêcheurs;

4° Enfin, à placer également des surveillants sur les principaux lieux de chargement et de déchargement des produits de la pêche.

Art. 19. — Cet officier soumettra au préfet maritime, par l'intermédiaire du commissaire de l'inscription et du commissaire général de la marine, à Brest, les projets de consignes ou d'ordres du jour qu'il y aurait lieu d'adopter pour le service de la pêche en rade de Brest.

Il se concertera avec le commandant du bâtiment stationnaire et avec les capitaines et patrons des embarcations de la douane, pour en obtenir le concours qui pourrait lui être nécessaire.

Art. 20. — L'officier commandant les bâtiments garde-pêches aura la faculté de suspendre immédiatement l'exploitation (sauf à en rendre compte à l'autorité supérieure), dans le cas où des traces d'huîtrières viendraient à être reconnues sur les gisements de maërl et de goëmon, et quand il jugera que, dans un intérêt de conservation, l'exploitation de l'un des produits sous-marins de la rade de Brest doit s'arrêter sur un ou plusieurs points qui seront toujours rigoureusement déterminés.

En ce qui est particulièrement du maërl, les dragages devront cesser lorsqu'il n'y aura plus qu'une efflorescence ou légère couche de ce produit.

Dans ces divers cas, l'autorité supérieure appréciera s'il y a lieu de convoquer la commission permanente de visite.

Art. 21. — Cet officier devra tenir et faire tenir par les patrons des péniches, des registres sur lesquels seront indiqués, jour par jour, les opérations de pêche qui auront été exécutées, le nombre et le numéro des bateaux qui y auront pris part, la nature et l'importance des produits obtenus, les contraventions qui auront été reconnues, les peines de police prononcées, enfin, les diverses remarques faites sur la nature et la situation des fonds exploités.

Gardes-jurés.

Art. 22. — L'officier chargé de la police et de la surveillance de la pêche en rade de Brest sera assisté de six gardes-jurés, choisis parmi les pêcheurs de la rade et élus par eux. Autant que possible, le choix sera fait de manière à ce que :

2 de ces gardes-jurés appartiennent à la commune de Plougastel ;
1 — appartienne à la rivière de Landerneau ;
1 — — — de l'Hôpital ;
1 — — — du Faou ;
1 enfin, — — à la baie du Fret ou de Roscanvel.

Art. 23. — Les gardes-jurés seront nommés pour un an seulement, et seront élus ainsi qu'il suit :

Le second dimanche du mois d'août de chaque année, les patrons des bateaux pêcheurs de la rade, qui se seront fait inscrire pour l'exploitation prochaine, se réuniront à Brest au bureau de l'inscription maritime, pour élire entre eux, par scrutin de liste, douze candidats pour les six places de gardes-jurés, à remplir pour le 1er septembre suivant. L'opération n'aurait pas lieu et serait remise au dimanche suivant, si la moitié plus un des patrons pêcheurs n'y prenaient part.

Cette réunion, à laquelle assistera le commandant des bâtiments garde-pêches, sera présidée par le commissaire de l'inscription maritime ou, à son défaut, par le syndic des gens de mer.

Art. 24. — Le scrutin sera dépouillé par le président, assisté des deux plus anciens patrons sachant lire et écrire, lesquels signeront la liste des douze individus qui auront réuni le plus de suffrages.

De cette opération il sera dressé procès-verbal en double expédition, pour l'une rester déposée au bureau de l'inscription maritime, et l'autre être transmise au commissaire général de la marine, avec une note dans laquelle le commissaire du quartier établira le mérite relatif des candidats.

Immédiatement après la clôture du procès-verbal, l'assemblée sera dissoute.

Art. 25. — Les choix des patrons électeurs et du commissaire de l'inscription maritime devront porter de préférence sur les patrons qui réuniront les conditions suivantes :

1° Être âgé de 30 ans ;

2° Savoir lire et écrire ;

3° Être marié ou veuf avec enfants, ou être par le fait chef ou soutien d'une famille ;

4° Être patron d'un bateau pêcheur et avoir fait la pêche pendant deux années ;

5° Avoir navigué sur les bâtiments de l'État pendant trois ans.

Art. 26. — Dans le cas où, par un nombre insuffisant de patrons pêcheurs, l'élection n'aurait donné aucun résultat dans les deux séances indiquées, le commissaire de l'inscription maritime établirait d'office, après s'être concerté avec le commandant des bâtiments garde-pêches, une liste de douze candidats et la transmettrait au commissaire général.

Art. 27. — Le commissaire général adressera au préfet maritime les procès-verbaux d'élection ou la liste établie d'office par le commissaire de l'inscription maritime et lui désignera, non-seulement les six patrons qui lui paraîtraient devoir être nommés gardes jurés, mais encore deux autres patrons qui, à titre de suppléants, pourront être appelés à remplacer les titulaires, en cas de maladie ou de décès.

Art. 28. — Chaque année, avant l'ouverture de la pêche, les

gardes-jurés choisis pour entrer en exercice prêteront, entre les mains du préfet maritime ou de son délégué et en présence du commissaire général et du commissaire de l'inscription maritime, le serment qui suit :

« Je jure de remplir avec fidélité les fonctions de garde-juré, « de faire exécuter ponctuellement tous les règlements relatifs « à la pêche, de me conformer aux ordres de l'autorité mari- « time, et de signaler, dans l'intérêt de tous, les diverses in- « fractions commises à ces règlements, sans haine ni ménage- « ment contre les contrevenants. »

Le préfet maritime ou son délégué lira cette formule à haute voix, et chaque garde-juré, la main droite levée, dira également à haute voix et à l'appel de son nom : « Je le jure. »

Procès-verbal de cette prestation de serment sera dressé et signé par les autorités maritimes présentes, ainsi que par les gardes-jurés sachant écrire. — Mention sera faite de ceux qui n'auraient pu accomplir cette formalité.

Art. 29. — Les gardes-jurés recevront du préfet maritime, pour leur servir de titre, un ordre de nomination qui sera enregistré au commissariat général et au bureau de l'inscription maritime.

Pendant la durée de leurs fonctions, les gardes-jurés en exercice porteront sur la poitrine, à l'une des boutonnières de leur habit ou gilet, une médaille d'argent de la valeur de 3 francs, ayant d'un côté l'effigie de la République, et de l'autre, les mots : Gardes-jurés des pêches maritimes.

Cette médaille, qui sera suspendue à un ruban vert, leur sera remise en même temps que l'ordre de nomination, par le commissaire de l'inscription maritime.

Les médailles seront fournies par le département de la marine, et lorsque les gardes-jurés cesseront leurs fonctions, ils les remettront au commissaire du quartier; s'ils les perdent, ils en payeront la valeur.

Comme marque distinctive, les bateaux des gardes-jurés auront sur l'avant la lettre G à tribord et la lettre J à bâbord. Ces lettres devront avoir au moins 25 centimètres de hauteur.

Art. 30. — Les gardes jurés qui seront spécialement employés à maintenir l'ordre parmi les pêcheurs et à les surveiller, devront veiller à l'exécution des consignes arrêtées par le préfet maritime et des ordres donnés par l'officier commandant les bâtiments garde-pêches.

Il y en aura toujours au moins un de présent sur les lieux où se fera le dragage.

Art. 31. — Les gardes-jurés, qui sont indéfiniment rééligibles, ne pourront être levés pour le service, pendant l'exercice de leurs fonctions.

Comme dédommagement de leurs peines et des pertes que leur feront éprouver leurs obligations de service, les gardes-jurés jouiront du droit de pêcher tous les jours où la pêche sera permise.

Art. 32. — Toute personne qui désirera disposer d'un garde-juré pour affaires relatives à la pêche ou au commerce du poisson, des huîtres et des amendements ou engrais marins, s'adressera au commissaire de l'inscription maritime, qui, après s'être entendu avec l'officier commandant les bâtiments garde-pêches, désignera le garde-juré et veillera à ce qu'il reçoive de ladite personne, aussitôt le service fait, la somme de 3 francs par jour, et à ce qu'il n'exige rien au delà.

Tout garde-juré qui se sera déplacé par ordre du commissaire de l'inscription maritime, pour faits relatifs au service, recevra également une indemnité de 3 francs par jour, qui sera payée par le département de la marine.

Art. 33. — Il est défendu aux gardes-jurés, sous peine de destitution, dont ils ne pourraient jamais être relevés, et d'être en outre poursuivis comme concussionnaires, de rien exiger ni recevoir des pêcheurs ou autres personnes, pour les actes de police ou de surveillance qu'ils auraient été chargés d'accomplir, comme pour tout ce qui se rapporte à la pêche en général.

Art. 34. — Dans le cas où les gardes-jurés manqueraient à leurs obligations ordinaires de service, ils seraient, sur la plainte de l'officier commandant les bâtiments garde-pêches, et sur l'avis du commissaire général, destitués par le préfet maritime, et ne pourraient plus être réélus qu'avec l'agrément de l'administration.

Art. 35. — A la fin de chaque saison de pêche, l'officier commandant adressera au commissaire de l'inscription maritime un rapport sur la conduite des gardes-jurés, lequel rapport devra être consulté lors des élections.

Exercice du dragage.

Art 36. — Jusqu'à ce que les ressources de la rade de Brest, en huîtres, amendements et engrais marins, soient bien établies et plus abondantes, le dragage de ces produits sera exclusivement réservé aux bateaux pêcheurs des syndicats qui bordent le littoral de la rade et ses affluents.

Art. 37. — Seront seuls admis à ce dragage les bateaux pêcheurs non pontés, ayant quille, mâts, voiles et gouvernail, et montés par des hommes appartenant à l'inscription maritime.

Art. 38. – Pour opérer ce dragage, les pêcheurs ne pourront se servir que de dragues dont la lame ne devra jamais avoir plus de 1^m 66 de longueur, et dont le sac aura, quant à la profondeur et à la largeur des mailles, des dimensions appropriées aux produits à obtenir.

Art. 39. — Nul bateau ne pourra draguer en rade de Brest, qu'après s'être fait inscrire au bureau de l'inscription maritime, avoir déclaré le genre de produits qu'il veut exploiter, et avoir reçu un bulletin portant un numéro d'ordre.

Art. 40. — Chaque bateau devra porter sur ses deux côtés, à l'avant, ainsi que sur les deux côtés de sa voile, son numéro d'ordre en chiffres de 49 centimètres de hauteur, et de couleur noire ou blanche tranchant sur le fond du canot et de la voile.

Art. 41. — Les bateaux autorisés à draguer en rade de Brest seront divisés en séries comprenant le nombre de bateaux qui sera déterminé par l'autorité maritime, à raison du nombre total des bateaux inscrits.

Chaque jour, la pêche ne pourra être faite sur un même point, que par une ou deux de ces séries, qui alterneront à tour de rôle, c'est-à-dire tous les 2, 3, 4 ou 5 jours, et même moins souvent, selon le nombre des séries.

Art. 42. — Le dragage ne pourra se faire qu'en présence du bâtiment garde-pêche de la rade ou de l'une de ses péniches.

Art. 43. — Au lever du soleil, chacun des bateaux pêcheurs devra se rendre près du bâtiment garde-pêche mouillé sur le lieu du dragage, et justifier qu'il a obtenu l'autorisation de pêcher, qu'il appartient à la série dont le tour est arrivé, et qu'il n'est en contravention avec aucun des règlements relatifs à l'inscription maritime et à la police de la navigation.

Art. 44.— Le bâtiment garde-pêche fera connaître par des signaux convenus quand le dragage peut commencer et doit finir.

Art. 45. — Les pêcheurs devront éviter de se nuire réciproquement dans les opérations de dragage, sous peine de perdre leurs droits de pêche pour la journée commencée.

Art. 46. — Les bateaux pêcheurs devront éviter de se charger au point d'avoir moins de 16 centimètres de plat-bord hors de l'eau.

Ceux qui ne se seraient pas conformés à cette mesure de précaution seront immédiatement contraints de le faire par le bâtiment garde-pêche, en rejetant à la mer l'excédant de charge.

Le bâtiment stationnaire de la rade veillera à ce que les bateaux revenant du Minou avec un chargement de treaz (sable de mer) se conforment également à cette disposition.

Art. 47.— Les dragages cesseront au moins une heure avant le coucher du soleil.

Art. 48. — Au signal convenu, chacun des bateaux pêcheurs devra venir se ranger bord à bord du bâtiment garde-pêche, qui examinera le produit obtenu, et, dans le cas où il s'y trouverait des huîtres, s'assurera si le triage a été bien fait, c'est-à-dire si les pêcheurs ont rejeté à la mer, sur le lieu même du dragage, toutes les huîtres n'ayant pas au moins 61 millimètres (2 pouces 1/4) dans la plus grande largeur du coquillage.

En cas de mauvais temps, l'examen et le triage se feront sur un des points de la côte indiqué par le garde-pêche.

Art. 49. — Lorsque l'officier commandant les bâtiments garde-pêches le jugera convenable, le triage des huîtres ne se fera qu'après les opérations de dragage, et les huîtres n'ayant pas la taille ci-dessus indiquée seront versées à bord d'un même bateau qui sera tenu, sous la surveillance du garde-pêche de service, d'aller les rejeter à la mer sur le point désigné par cet officier. Ce service sera fait à tour de rôle par tous les bateaux de la série.

Art. 50. — Il est sévèrement défendu de pêcher pendant la

nuit et les jours où la pêche n'aura pas été permise, ainsi que dans les lieux qui n'auraient pas été expressément indiqués par l'autorité maritime.

Art. 51. — Aux époques d'équinoxe, et toutes les fois qu'il y aura lieu de supposer que des portions d'huîtrières se trouveront à découvert et permettront de prendre le coquillage à la main, l'officier commandant les bâtiments garde-pêches pourra employer non-seulement les équipages placés sous ses ordres ainsi que ceux des gardes-jurés, mais encore tout ou partie des pêcheurs de chaque localité, qu'il requerrait à cet effet, à ramasser les huîtres qui resteraient à sec, et à les porter sur tels points qu'il indiquerait.

Lieux de dépôt et parcs pour les huîtres.

Art. 52. — Nul ne pourra, sans autorisation, déposer des huîtres sur les grèves ou entre les rochers.

Art. 53. — L'administration de la marine pourra, après avoir pris l'avis de l'ingénieur en chef des ponts et chaussées du Finistère, par l'intermédiaire du préfet du département, concéder aux personnes qui lui en feront la demande, des portions de rivage, pour y établir des parcs à huîtres, à la condition de se conformer rigoureusement aux prescriptions du titre III de l'ordonnance du mois d'août 1681.

Art. 54. — Ces concessions, qui ne pourront jamais être accordées pour un laps de temps de plus de cinq années, mais qui seront indéfiniment renouvelables, sont de plein droit révocables dans le cas de nécessité résultant du service.

Art. 55. — L'administration de la marine pourra également autoriser les pêcheurs à déposer, pendant la saison de pêche, des huîtres sur les portions de grèves qu'ils auront indiquées, lorsque l'officier commandant les bâtiments garde-pêches aura déclaré que ce dépôt ne présente aucun inconvénient.

Art. 56. — Ceux qui auront obtenu l'autorisation d'établir des parcs ou des dépôts d'huîtres, autorisation essentiellement personnelle, et qu'ils ne pourront transmettre à toute autre personne, seront tenus de se conformer rigoureusement aux dispositions arrêtées par l'autorité maritime relativement à la pêche des huîtres.

Ils seront tenus également de se soumettre à toutes les investigations que l'officier commandant les bâtiments garde-pêches jugerait convenable de faire dans les parcs et dans les dépôts d'huîtres.

Art. 57.—Les huîtres trouvées au delà des limites des parcs ou dépôts ne seront la propriété de personne, et pourront être enlevées par le premier survenant, à moins qu'il ne soit constaté régulièrement qu'elles proviennent d'un parc ou dépôt autorisé, d'où elles auraient été entraînées par la force de la mer ou par un événement quelconque.

La faculté accordée au premier survenant par le paragraphe ci-dessus ne pourra recevoir son effet que durant la saison où la pêche est permise ; pendant le reste de l'année, les huîtres ainsi trouvées devront être rejetées sur les bancs, à la diligence des commandants des bâtiments garde-pêches.

Art. 58. — L'administration de la marine veillera à ce que la consommation locale en huîtres soit assurée. Commerce des huîtres.

A cet effet, les pêcheurs de chaque série seront tenus de réserver journellement, pour être porté sur les seuls marchés de Brest et des environs, le produit de la pêche de deux ou trois bateaux, selon que la pêche aura été plus ou moins fructueuse, et ainsi qu'il en sera jugé par le bâtiment garde-pêche de service, qui veillera d'une manière toute spéciale à ce que ce produit parvienne à sa véritable destination.

Art. 59. — Pour la formation de cette réserve, la responsabilité pèsera sur tous les pêcheurs de la même série, qui arrêteront à cet égard entre eux telles mesures qu'ils jugeront convenable.

Art. 60. — Tous marchés entre pêcheurs et marchands d'huîtres seront passés en présence d'une commission composée du commissaire de l'inscription maritime, de l'officier commandant les bâtiments garde-pêches, du syndic des gens de mer et de deux patrons gardes-jurés.

Ces marchés devront toujours déterminer des quantités fixes qui ne pourront dépasser par marché le dixième du produit présumé de l'exploitation annuelle.

Autant que possible, le même marchand ne pourra être titulaire de plusieurs marchés à la fois.

Art. 61. — L'officier commandant les bâtiments garde-pêches devra veiller d'une manière toute particulière à ce que la plus grande bonne foi soit apportée par les pêcheurs et par les marchands d'huîtres, soit sous le rapport du nombre, soit sous celui de la qualité.

Art. 62. — Chaque année, le préfet maritime, d'après la proposition du commandant des bâtiments garde-pêches, et sur l'avis motivé du commissaire général, réglera le chiffre des huîtres qui pourront être exportées.

Les exportations d'huîtres ne pourront se faire qu'en vertu d'autorisations du commissaire de l'inscription maritime ou pour des quantités rigoureusement déterminées.

Le chargement des huîtres à exporter pourra être surveillé par l'officier commandant les bâtiments garde-pêches, qui donnera, dans ce cas, un billet de passe, sans lequel le bâtiment stationnaire devra scrupuleusement visiter le navire exportateur.

Infractions diverses et pénalités.

Art. 63. — Les diverses infractions commises par les pêcheurs aux dispositions du présent arrêté, comme à celles qui seraient ultérieurement adoptées par l'autorité maritime, seront punies par la suppression du droit de dragage pendant un temps déterminé.

Art. 64. — La suspension du droit de dragage entraînera la saisie de la drague et du bulletin de pêche délivré par le commissaire de l'inscription maritime, pendant un temps égal à cette suspension.

Les dragues et les bulletins saisis seront, ainsi qu'il en sera décidé par l'officier commandant les bâtiments garde-pêches, et selon la durée de la suspension, déposés à son bord, à celui du stationnaire, ou au bureau de l'inscription maritime.

Art. 65. — Les suspensions de pêche de un à cinq jours seront prononcées par l'officier commandant les bâtiments garde-pêches;

Celles de six à dix jours, par le commissaire de l'inscription maritime;

Celles de onze jours à trente jours, par le commissaire général;

Et celles au-dessus d'un mois, par le préfet maritime.

Art. 66. — Tout pêcheur qui aura désobéi aux ordres des

gardes-pêches et des gardes-jurés, ou qui aura violé une mesure d'ordre ou de discipline, sera puni d'une interdiction de un à cinq jours du droit de dragage.

Art. 67. — Pour celui qui aura dragué la nuit, ou bien l'un des jours où la pêche n'est pas permise, mais entre les époques fixées pour l'ouverture et la clôture des dragages, l'interdiction sera de quinze jours à un mois.

Art. 68. — Pour celui qui aura dragué en dehors des époques et des limites déterminées par les arrêtés du préfet maritime, l'interdiction sera d'un mois à trois mois.

Art. 69. — Dans tous les cas, les produits obtenus en contravention devront être rejetés par les pêcheurs, ou à leurs frais, sur les points indiqués par le garde-pêche.

En cas d'inexécution de leur part ou de refus fait par eux de supporter les frais de l'opération, ils encourront une interdiction de pêche d'au moins un mois.

Dans cette hypothèse, le commandant des bâtiments garde-pêches fera rejeter les huîtres saisies, sur les bancs qu'il indiquera, par les embarcations de l'Etat à sa disposition.

Art. 70. — En cas de récidive, les peines indiquées dans les articles précédents seront doublées. En cas de nouvelles récidives, elles seront triplées, et pourront même atteindre à l'interdiction du droit de dragage pendant toute une saison de pêche.

Art. 71. — Lorsque le triage des produits obtenus n'aura pas été bien fait, les pêcheurs seront tenus, pour la première fois, de le recommencer immédiatement avec le plus grand soin; à la seconde négligence, ils seront contraints de rejeter tout le produit de leur pêche de la journée sur le banc ou sur le point indiqué par le garde-pêche ; à la troisième, ils perdront l'autorisation de draguer pendant un mois.

Art. 72.—En cas d'infraction à la condition de réserve pour la consommation locale, établie par l'article 58 du présent arrêté, la série de bateaux qui l'aura commise perdra un, deux ou trois tours de pêche; et, s'il y a récidive, l'autorisation de draguer pendant au moins un mois.

Art. 73. — Les infractions commises par les propriétaires des parcs ou dépôts d'huîtres aux dispositions arrêtées pour la dimension, pour l'achat, pour la livraison, pour l'embarquement et pour l'exportation de ce coquillage, entraîneront de plein droit l'annulation de la concession de rivage qui leur aura été faite. — Cette annulation sera prononcée par arrêté spécial du préfet maritime.

Disposition générale.

Art. 74. — Le présent arrêté sera publié et affiché dans tous les syndicats et dans toutes les communes bordant la baie de Brest, et des exemplaires en seront remis à l'officier commandant les bâtiments garde-pêches, aux patrons des péniches, aux gardes-jurés et au commandant du stationnaire.

Fait à Brest, en conseil d'administration de la marine, le 10 juillet 1849.

Signé Leblanc.

Vu et approuvé.

Paris, le 7 août 1849.

Le Ministre de la marine et des colonies,

Signé V. TRACY.

Paris, impr. de Paul Dupont.

www.ingramcontent.com/pod-product-compliance
Lightning Source LLC
LaVergne TN
LVHW050637060726
842527LV00004B/1335

* 9 7 8 2 3 2 9 2 9 4 1 8 6 *